NEVER STOP EXPLORING

JN225748

もうひとつの声

WORDS BY KIYO FUJISHIRO

僕らは、いつも強いわけではない。

走りたいだけなのに、怪我をしたりうまくいかなかったりする。あれこれ思い悩み、途方に暮れる。脆さ(ヴァルネラビリティ)は、多かれ少なかれ誰もがもっている。

トーベ・ヤンソン（1914-2001）は、1962年に発表した短編小説「目に見えない子」（『新装版 ムーミン谷の仲間たち』講談社）で、弱さや傷、そしてそれらを抱えながらも人が回復して歩んでいくことができる不思議な力のことを描いた。

ある日の夕方、ムーミン一家とみんなが暮らす「ムーミンやしき」に、近所のおしゃまさんに連れられてニンニという少女がやってきた。

不思議なことに彼女の身体は透明で、みんなに見えない。いじわるなおばさんに「おどかされ」て弱ってしまったからだ。

ムーミンママが言う――「きっとこの子は、しばらくのあいだ、見えなくなっていたいと思ったのよ」。

ムーミンパパとママ、それからやしきのみんなは、彼女を見守り、一緒に食べたり、遊んだりする。ママはおばあさまが残した「人々がきりのようになって、すがたが見えなくなったときの手あて」を探し出して薬をこしらえたりもする。また見えるようになってほしいとみんなが願い、ニンニのために心を尽くす。

それでもすぐには良くならない。川に遊びに行ってもただみんなにおつきあいでやっていて、すこしもおもしろがっているのではない。

ついに仲間のリトルミイが言う。

「走るのよ、走るのよ、あんたは走れないの？ それともあんたは、はねることさえもできないの？」「それがあんたのわるいとこよ。たたかうってことをおぼえないうちは、あんたには自分の顔はもてません」

ミイは、混乱した世界にいても、むしろそれが大好きでスリルを楽しんでいる。ミイの言葉は、荒っぽいが親切だ。ニンニを再び「こっち」に引き戻す力がある。

そして物語の後半、ニンニが「戻ってくる」。

パパが冗談半分でママを桟橋から海につき落とそうとする。そのときだ。

ニンニは桟橋の上につったっていました。〈中略〉小さいおこった顔が見えていました。そうして、ムーミンパパにむかって、まるでねこみたいにふうふううなりながら、さけんだのです。
「おばさんを、こんな大きいこわい海につきおとしたら、きかないから！」

ママが危ない目に遭ったと思ったニンニが、はじめて「おこった」。自分に心を寄せてくれた人のために、今度は自分がもてる力を発揮する。人が回復するのは、良心がそんなふうに循環し始めるときなのかもしれない。

ニンニにしっぽをくいつかれ「どうしたわけかひっくりかえって、どぶんとばかり、頭から海におち」たパパを見て、ついにニンニが笑う。

「あら、まあ！ なんて、えらいんでしょ。なんて、おもしろいんでしょ」

おしゃまさんの嬉しそうな感慨が続く。

「あの子はまえにはわらったことがなかったはずだけとな」

今号の *Like the Wind* 日本版では、何かを失った人、変化を経験した人、そしてその人たちの傍にいようとする良心的な人たちの物語を集めたいと思った。たくさんの「もうひとつの声」が、新しい年の新しい兆しになればと思う。

たくさんの声によって、混乱の日々がもっと混乱して、世界が「どうしたわけかひっくりかえって」いつのまにか愉しいものになるといい。

それを見るあなたの「わらった」声が聞きたいと思う。

藤代きよ　*Like the Wind* 日本版エディター

"Morning, enjoy the day..." he returned pleasantly, seeming to appreciate the company.

—— Chris Peter, "GUS OF WAVENY"

もうひとつの声 —— IN A DIFFERENT VOICE 013

ランニング随想 049

I am "through" with them.

——Oliver Sacks, May 6, 1970.

GET STEEPED, DOWN AND HIGHER

コーヒーを飲みながら読む話

WORDS & PHOTOGRAPHY BY TOMOYA YAZAKI

「コーヒーとトレイルランニング」。
まったく違う分野でありながら、同じような軌跡を辿って現在に続いている

エミール・ハーシュ演じる実在した青年クリス・マッキャンドレスは、映画『Into The Wild』(2007年公開)で、恵まれた環境を手放してアラスカの荒野を彷徨った末に息絶えた。まだ荒野が未開のまま存在した時代の話だった。サブプライム・ローン問題が顕在化し、中東情勢は混沌としていた。それが2007年のリアルだった。スティーブ・ジョブズが初代iPhoneを発表して世の中の地殻変動がはじまったのも2007年だ。そこから現在、世界は加速度的に開拓された。

2007年、コーヒーの世界にも世の中を変える種が蒔かれた。「おいしいコーヒーの教科書」という特集が組まれた雑誌が出た。まだウェブの情報は限定的で、SNSが生まれる前のことだ。最新の情報、世界の動向は紙からキャッチしていた時代だった。誌面で紹介されているお店を一軒一軒巡って、飲んで、情報とリアルをシンクロさせる、それしか方法がなかった。

その雑誌の特集では「カフェラテ」と「カプチーノ」の違いを解説する記事が書かれていた。まだその程度の認知の、新しい飲み物だった。当時のコーヒーショップと言えば、クラシックなイタリアンバールとシアトル系コーヒーの2択のような時代で「サードウェーブ」が到達する前だった。今でこそ日本全国どこにでも見かけるマニュアル仕様のエスプレッソマシンは、都心ですらほとんど見かけない代物だった。

そんな世界に、突如ポール・バセットが現れた。シャバシャバしたエスプレッソに砂糖を加えるイタリアンスタイルとも、たっぷりミルクのシアトル系コーヒーとも違う、衝撃的なエスプレッソ体験だった。2003年に世界一のバリスタになったオーストラリア人の営むコーヒーショップで出てくるエスプレッソは、飲むというより舐めるといったほうが正しいくらい少量の液体で、口に含むといつまでも甘い余韻が続く不思議な飲み物だった。情報と感覚が接続された瞬間だった。

その特集は全国の、自分のような人間を同時多発的に触発した。当時はつながる術もなく、カフェにコミュニティという機能もなかった。同じ雑誌を手にとってコーヒーに目覚めた、まだ見ぬ仲間がいたことは、後になってから知ることになった。その特集で紹介された店舗

〈Paul Bassett〉はその後のコーヒー業界を担う多くのバリスタを送り出した。2024年、「スペシャルティコーヒー」はもはやデフォルトになって、どの街でもエスプレッソマシンを見かける世の中になった。指1本で検索すれば行くべきお店リストが簡単に手に入り、コーヒー好きと簡単につながることができるようになった。業界の努力と、iPhoneが未来の世界を現実にもたらした。

　話は2009年のフランスに飛ぶ。一人の日本人が新しい歴史を作った。そのレースはドキュメンタリー番組としてTVで放送されて、同時多発的に全国に種を蒔いた。そこから先はコーヒーと同じように、プレイヤーとフィールドが増えて、拡散されて、そして僕たちはつながった。2010年代前半、UTMBに挑戦した僅かな日本人ランナーたちは国旗を纏ってゴールした。現在、「モンブラン」は日常の延長になった。

「コーヒーとトレイルランニング」。まったく違う分野でありながら、同じような軌跡を辿って現在に続いている──荒野、発展、そして接続へと。2025年、僕たちの「ワイルド」はどこにあるんだろうか。アラスカを彷徨うわけにはいかないけれど、僕たちはきっと同じような感覚を探し続けている。2025年、網目状に覆われた水平世界で荒野を探すには、深く潜るしかないのかもしれない。はたまた、重力に逆らって上昇するしかないのかもしれない。水平の時代から垂直世界へ、次の「ワイルド」に触れるためにトレイルランナーはアップダウンを繰り返す。Ⓛ

TOMOYA YAZAKI（矢崎智也）

北海道出身、東京・高尾在住。ウルトラディスタンスを中心としたトレイルランニングに情熱を捧ぐ。近年はランニングにまつわる記事の執筆・寄稿や、2023年2月に広島県尾道市で初開催された〈せとだレモンマラソン〉の大会ディレクションを担当するなど、走ることそのものに加えた表現の幅を広げている。
Ⓘ @tomoyayazaki　@boredom_takao

IN A DIFFERENT VOICE

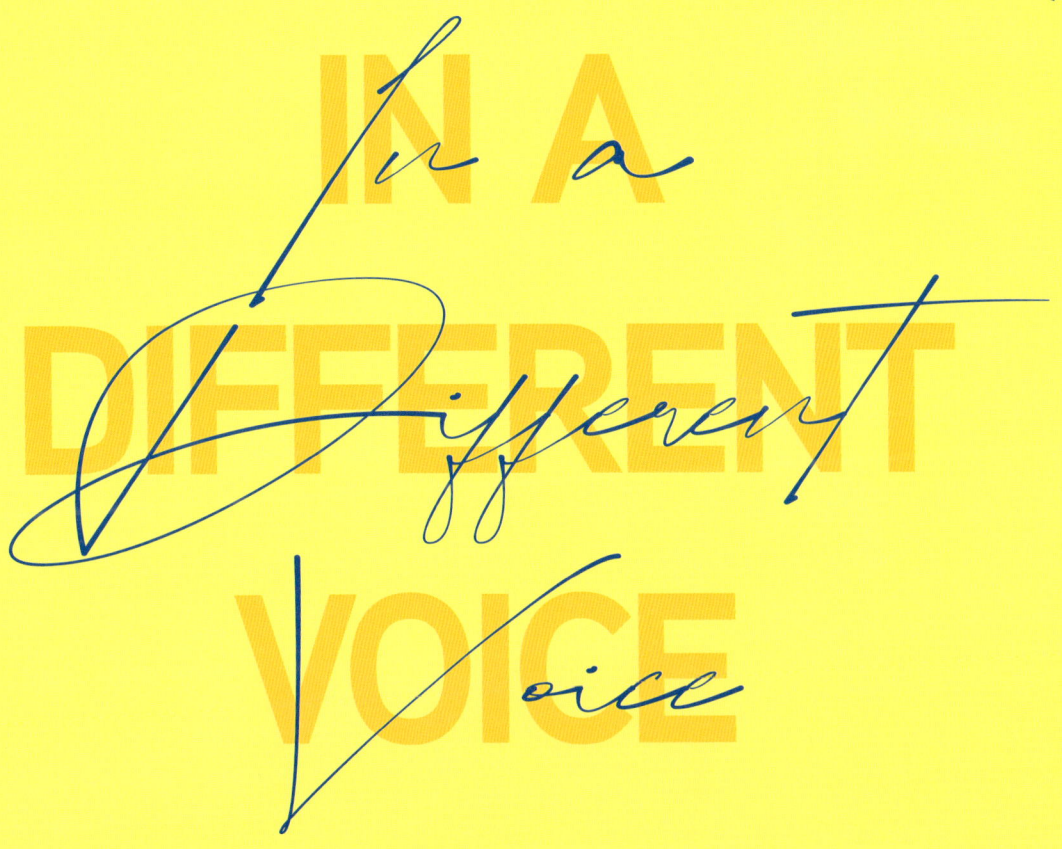

「わたし」という単位を超えて、人と社会と世界をもっと知りたい。
「もうひとつの声」を聞くためのストーリーやフォトグラフィーをまとめた。

A PLACE IN TIME

"溶ける人々"——フォトグラフィー

PHOTOGRAPHY BY ROB SCHANZ   INTERVIEW & WORDS BY MIDORI AOYAMA

自然にできることをやる、それに尽きると思いますね

LIKE THE WIND JAPAN #04

写真とは、二度とないその瞬間をキャプチャーすること

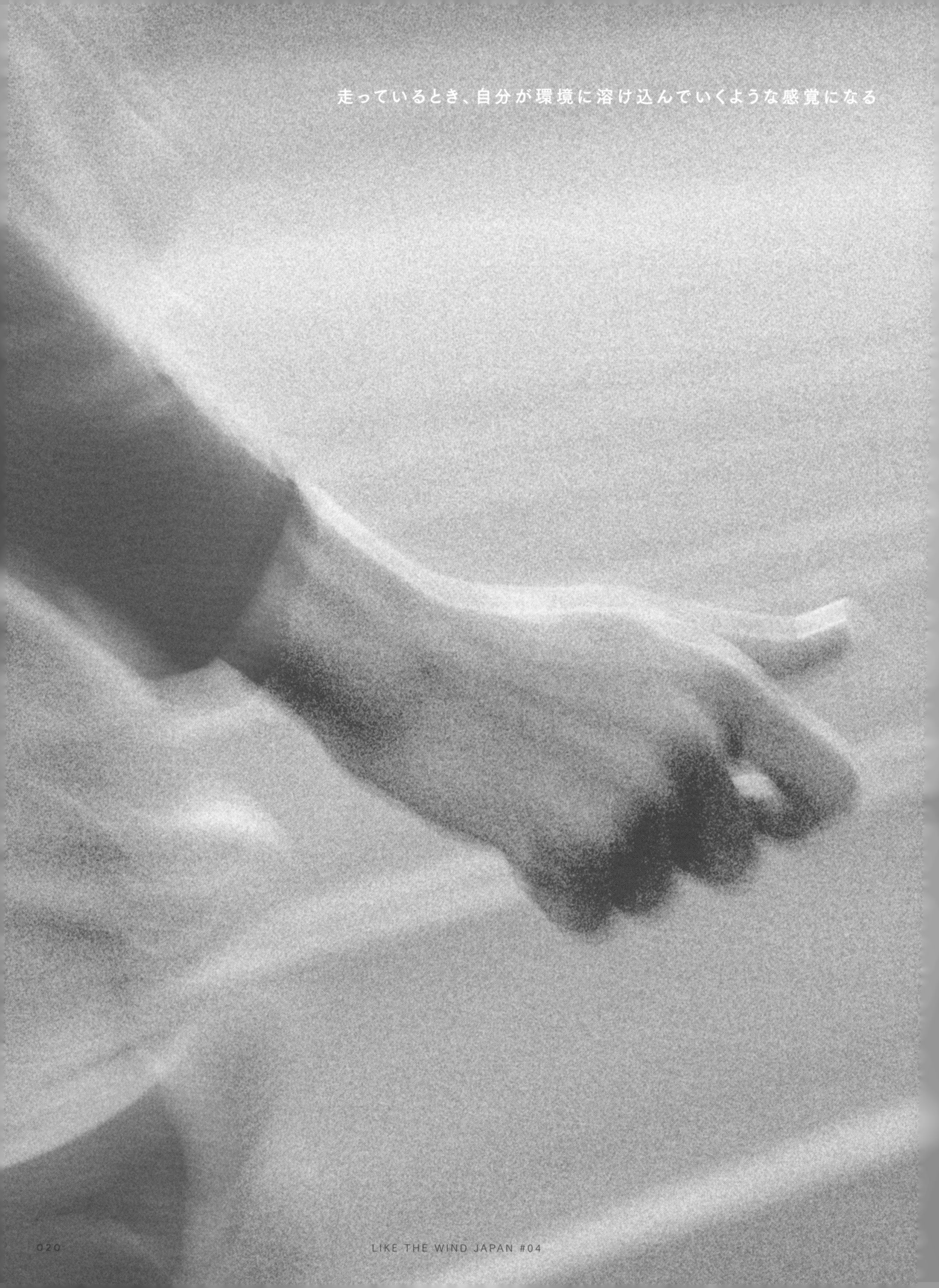
走っているとき、自分が環境に溶け込んでいくような感覚になる

INTERVIEW

ロブ・シャンツは、アメリカ・サンフランシスコを拠点に活動するファッション／ライフスタイルフォトグラファーだ。2024年秋、東京・池尻大橋でのエキシビション "A Place in Time" のためにシャンツが来日した。ランナーたちが環境に溶けていくようなイメージの連作は、2年ほどかけて制作されたという。作品を前に、青山みどりが聞いた。

―――――――

青山 こんにちは。あなたは普段、ランニングやスポーツに加え、ライフスタイル、ファッション、カルチャーなどジャンルを横断しながら撮っていますよね。自分のスタイルについて、どんな風にお考えですか？

シャンツ 今日はありがとうございます。まずは、「自分が見ているものが本物で、何らかの形で共感できる。」写真を観る人にそう感じてほしいと思っています。ランニングや他のスポーツを撮影することは自分にとってとても自然なことなので、そういう（リアルな）共感につながるのだと思います。つまるところ、自分が撮影する人や対象とのつながりが大事だと思っています。そして、自然にできることをやる、それに尽きると思いますね。僕の作品が（自然に）多様になったのはそういうことに関連していると思います。

二度とない瞬間

青山 いつ、どんな風にフォトグラファーとしてのキャリアをスタートしたんですか？ なぜやろう思ったのでしょう？

シャンツ 写真を始めたのは、11歳くらいです。友達と一緒に、スケートボードや、あれこれと映像を撮ることに時間を費やしていました。日々をライブ

ドキュメントすることに興味が湧いたのはその頃だと思います。

これを仕事にしようとは思っていなかったのですが、カレッジでコミュニケーションと広告を学んでいて、フォトジャーナリズムの単位を取らなくてはいけなかったんですね。良い成績だったので、先生が地元の新聞社でのインターンに興味があるかどうかと僕に聞いてくれて、僕は、イエス、と答えたんです。すぐNFLのジャクソンビル・ジャガーズのホームゲームの撮影を始めて、それが僕の写真に対する考えを変えたと思います。趣味ではなくて、キャリアとして見るようになりました。

フォトグラファーとしての実際のキャリアが始まったのは、今から大体9年前です。アシスタントとしてずっと他の写真家についていて、技術だけでなく、もっと重要なこと、どうこのビジネスを続けて、どうクライアントとやっていくのかを学びました。そして5年くらい前からフォトグラファーとして撮影を始めました。良い師に恵まれました。

青山 写真を撮ることについて一番大切だと思うことは何ですか？

シャンツ 写真とは、二度とないその瞬間をキャプチャーすることです。それが好きですね。ランニングを撮影するのは、特に興味深いです。その行為自体はとても退屈なものだから。他のスポーツのように、わかりやすいクライマックスの瞬間があるわけでもないし、みんなの興味を引くような写真にできるトリックがあるわけでもありません。試行錯誤するチャレンジが本当に好きですね。

環境に溶け込むこと

青山 "A Place in Time" 展の作品もすごく印象的でした。リソグラフで印刷された作品で、ラン

THE WIN

ナーたちの形がわからないほど環境に溶けている
ようなイメージでした。ご自身で今回のシリーズ
を語るとすれば、どんな言葉になりますか？

シャンツ ありがとう。このシリーズは、夕暮れ
時に妻を撮影したのがきっかけで始まりました。
近所の水辺の小道で撮ったのですが、水辺や、そ
の周囲の環境全体がとても穏やかだったんです。
意図的にぼやけた写真にしました。

それであとからこの写真を見返して、こんなこ
とを思ったんです——走っているときも、自分が
環境に溶け込んでいくような感覚になるな、と。
そう思ったのは、文字通り写真がぼやけたイメー
ジだからというだけではなく、私の妻は強くて速
いランナーなのですが、そういうランナーにとっ
てレース中に環境のなかで落ち着いて穏やかでい
ることはすごく大切なことだからです。それで、
これは、ランニングが自然と混ざり合っている状
態だと感じたんです。自分が走るときも、思考が
どんどん変化して、周囲のものに注意を払うこと
もなくなっていくと気がつきました。つまり、こ
ういう状態になるとき、自分は環境の一部になっ
ているんだと思うんですよね。

妻とそのチームメイトにもとてもインスパイア
されたし、彼らもまたそれぞれのゴールに向けて
お互いに影響し合っていると感じました。だから、
彼らが一緒にがんばってできることをやっている、
そのことを共有し合っているというのはとても特
別な瞬間です。写真や、コミュニティを通してそ
んなインスピレーションを皆さんにも与えられる
といいなと思っています。

青山 この "A Place in Time" シリーズで東京や
NYC、ロンドン、SFを巡回しようと思った理由
はなんでしょう？

シャンツ このショーのコンセプトは一晩ででき
たのですが、写真は2年かけて撮影しました。コ
ンセプトを念頭におきつつ、撮った写真に対峙し
て、作品をそれぞれ違う形にクロップしたり別の
視点で見たりしました。これが、写真が面白いも
う一つの理由です。どう作品をフレーミングする
のかによって、イメージがたくさんの違った意味
を持ち始めるのです。

そんなアイデアを考えていたとき、リソグラフ
の印刷会社をやっている友人とつながったんです。
彼はとても力になってくれて、本当に感謝してい
ます。この印刷方法はパーフェクトでした。シン
プルで、完璧に写真を再現するものではないけれ
ど、写真のもつ複雑さを表現できる。

ショーを終えて

青山 東京のコミュニティの反応はどうでしたか？

シャンツ 日本のオーディエンスはすごかったで
す。ショーに来てくれた人は、みんな興味津々で
見てくれました。本当にここに来たくて来てくれ
たんだと思いました。こういうことのために、自
分は日本でショーをやりたかったんです。何度か
日本に来たことがあったのですが、その時皆がと
ても歓迎してくれたこともあって、これはやった
ほうがいい、そんな風に思っていました。足を運
んでサポートしてくれて、とても感謝しています！

青山 最後にこの雑誌の読者にメッセージを。

シャンツ この写真シリーズとショーのコンセプ
トが、皆をインスパイアして、走ったり走る理由
になったりするといいなと思います。いつもでは
ないけれど、大体において、走ることは楽しいこ
とだと思うし、楽しい日々というものは経験とし
て残ると思います。人生では、たくさんのことが
時に想定外に起きるように思えるけれど、走って
いるとき、僕らはその体験をコントロールするこ
とができる。そして楽しみながら取り組めば得る
ものも大きい。とてもスペシャルなことだと思い
ます。SOAR Runningのチームにも感謝を——僕
のワイルドなアイデアをサポートしてくれて、あ
りがとう！ **Ⓛ**

ROB SCHANZ（ロブ・シャンツ）
フォトグラファー。サンフランシスコをベースに、ファッ
ション、スポーツ、ライフスタイルをはじめ幅広く活
躍している。Ⓞ@robschanz　www.robschanz.com

DEFLUENT WORDS

身振りを聞く不完全なレコーダー

WORDS BY FUMIHISA MIYATA　ILLUSTRATION BY CHITOSE KATO

ランナーに話を聞いて、熱を出したことがある。

出版社の若手社員だった頃、スポーツ雑誌の企画で、東京マラソンのゴール地点で、市民ランナーたちにアンケート的なインタビューを行った。現在のように東京駅前の行幸通りにゴールの場所が変更される前のことで、当時は東京ビッグサイトの屋外だった。続々とゴールしてくるランナーたちに、「すみません、ちょっとよろしいですか……」と近づき、たしかマラソン大会の出場歴、レース前の調整方法や食事などについて訊ねたような記憶がある。

私事ながら筆者は、数多くのインタビューの仕事をしてきている身でありながら、本来的には人見知りである。人にインタビューした後は、たいていぐったりしている。しかもメディアの人間として市井の人々に取材する、というのは、輪をかけて緊張する行為だ。そこにはどうしても、取材する側の権力性のようなものが発生しがちでもあり、「なぜ自分はこの人に話を聞く資格があるのか／なぜ自分はこの人に話をする必要があるのか」という問いがうっすらと辺りを漂うなかで取材する、という時間が延々と続く（テレビの街頭インタビューの映像などを見るたびに、自分には無理な仕事だ、と勝手に怖気づいている）。

だんだんと日も暮れてきて、3月上旬とはいえ吹きつける海風に身体も冷えていった。そんな状況のなかで極度に緊張した時間がひたすら流れていき、帰宅後に、まるで子どもが知恵熱を出すようにして倒れ込んだ……という笑い話だ。

ランナーの、象徴的な位相も含めた"声"を聞き、拾い集めるという行為は、とても難しい——自分がほとんど直感的にそう思うのは、20代の頃に経験した、あの海っぺりでの出来事に影響されているからなのかもしれない。40歳も目前に迫ったこの2024年の秋には、國學院大学・平林清澄選手にインタビューする機会を得た。2月の大阪マラソンで初マラソン日本最高記録・日本学生記録をマークしたトップアスリートのその語りを、本当に体感的に理解できていたのかと聞かれれば、トボトボ走るのが精いっぱいの市民ランナーの身としては、厳しいと答えざるを得ない。

そもそもインタビューや聞き書きといった行為をめぐっては、その困難や倫理性も含めて、これまでに多くの議論がなされてきている。多種多様な環境を各々の異なる心身でもって走る、というランナーごとの個別具体性に向き合うとき、"声"をめぐる不可能性は私たちの前に改めて立ちはだかる。どんなランナーの"声"であっても、掬おうとする私たちの指の隙間から、瞬く間に零れ落ちていくことだろう。

そんなことを考えながら、ふと、発想を転換してみてはどうだろう、と思った。私たちランナーが普段、それぞれに走っている日常にこそ、他のランナーの"声"へアプローチする手がかりが埋まっているのではないか、と。そのアイデアのもとになっているのは、「私たちは普段、ひとりで走っているつもりであっても、実はひとりではない」という実感だ。

何も、ランナー同士の絆の話をしようというのではない。人気のない場所を走るのではない限り、普段のランニングで私たちは他のランナーとすれ違っているわけであり、その一瞬の交錯を、ランナーたちの"声"に手を伸ばす契機にしてみてはどうだろう、という考えである。登山好きの人々のように山道で挨拶を交わす文化こそもたないが、日々のすれ違いのなかに、他なる"声"に接するきっかけを見いだしてみたいのだ。

自分以外のランナーとすれ違うとき（あるいは追い越し、追い越されるとき）、私たちは一体、何を感じ取っているだろうか。速度、身振りやフォーム、ウェアやシューズ、息遣いや汗の気配。ランナー同士としての瞬間的な共感も、競争心も、あるいは無関心も含めて、ほとんど気にも留めないレベルで私たちはお互いを無意識的に感知し、近づき、離れていく。

こうした最中に、私たちはランナーの"声"を聞く、そのささやかな端緒を得ることができるように思う。たとえば筆者は、たまに走る大きな公園で見た光景のことが頭から離れないでいる。公園内の道を走っていくと、ひとつの分岐点にぶつかる。右にいけば、樹々が繁る公園の裏側にまわりこむルートへとつながっており、基本的に人は

少ない。左にいけば、公園の利用者が多くいる広場のほうへとつながる。男性である筆者は普段右のルートをとるのだが、前を走っていた女性ランナーは左のルートへと折れた。

その分かれ道には、あくまで想像の範囲ではあるが、女性ランナーの"声なき声"が谺していたようだった。

そのとき、やや陰った、人気のない道を避けたいという心理のことを想い、そしてそうした心理のことを考えもしないでいた自分のこれまでを省みたのだった。その分かれ道には、あくまで想像の範囲ではあるが、女性ランナーの"声なき声"が谺していたようだった。

ランナー同士がすれ違うとき、このような"声"は、明確には聞こえないまでもそこには響いているのだと思う。ひとりでランニングするということは、自己の心身と向き合う営みと思われがちで、確固たる主体が行うものというイメージがあるだろう。たしかにそうした側面は大きいものの、その心身は自分という個人に閉じているのではない。常に他なるランナーの声が、自己の内部を通過し、ときに混ざり合っているといっていい。走る主体は、ひとりでありながらも複数的・複層的であり、内外で錯綜しているのだ。

自らの周りから飛び込んでくるすべての"声"を、受信し、記録・記憶することはできない。私たちランナーはいわば、不完全なレコーダーだ。なぜなら、自らが走るという動的な行為に取り組んでいる最中だからである。足をとめて声を受け取るわけではない。走るというアクションの途中で、あっという間に目の前からいなくなるランナーと、つかの間の邂逅を果たし、その"声"を微かに聞くことしかできない。考現学を提唱した今和次郎が、都会の人々の行動や服装などを事細かにスケッチしたようなことは、私たちには望むべくもないのだ。完璧なまでに"声"を聞くことなどできないレコーダーとして走るのが、せいぜいのところだろう。

重ねて興味深いのが、こうしたすれ違いのなかで、ランナーたちは知らぬままに、相互に刺激を与えているということだ。あのランナーがちゃんと走っているのだから、自分もきちんと走らなきゃ、いや、しっかり走っていると見えるようにしなければ……そんな見栄にも近い思いを抱いたこ

とは、誰しもあるのではないだろうか。

人間の日常的な行為や振る舞いが他者に対して演技的であり、パフォーマティブなものなのだと1950年代末に論じたのは、社会学者のアーヴィング・ゴフマンだ。『日常生活における自己呈示』（中河伸俊・小島奈名子訳、ちくま学芸文庫、2023年）で読むことができるその知見は、基本的に限られた空間における集団に向けられたものであり（たとえば職場においてどのように自分を見てもらいたいかという「自己呈示」は、多くの人にとって心当たりがあるだろう）、どこまでランナー同士の関係性に敷延できるかは未知数である。また人々の行為に向けられたその規範的な枠組みは、一定の批判も浴びてきたようだ。

とはいえ、たとえばゴフマンが人々の「儀式的距離」に言及するとき（『儀礼としての相互行為　対面行動の社会学』〔広瀬英彦・安江孝司訳、法政大学出版局、1986年〕）、それは精神的な意味を中心にした「距離」のことを指しているのだが（ゴフマンが例に挙げるのは精神科医と患者の関係性だ）、私たちには路上ですれ違うときのランナーたちの距離のことを思い浮かべるという誤読が可能だ。

ランナー同士が対峙したときのみに限られない。たとえば路上で歩行者とすれ違うとき、ぐっとスピードを落とし、危険性がないとアピールするかのように距離をとるランナーは、歩行者に対する「パフォーマンス」を行っているといえる。筆者はランニング中、犬の散歩をしている歩行者とすれ違うときは、こちらが決して犬を蹴ったりすることはない存在なのだと安心してもらうべく離れたところを通る。

そうした「パフォーマンス」は、「ある人が特定の一組の観察者の前に一定の時間継続的に居合わせるあいだに生起して、観察者に何らかの影響を及ぼすその人の活動のすべてを指す」（『日常生活における自己呈示』）。すれ違う時間が、どこまで社会集団的なものに根差しているのか、そして「一定の時間継続的に居合わせるあいだ」だといえるかは心もとないが、相互にパフォーマーでもあり観察者でもある私たちは、お互いに自己を提

示し、刺激を与え合っている。そのなかには、"声"と呼べるようなものも、含まれているに違いない。

ひとつ気をつけておくべきは、この"声"は、"本当の声"のようなものとは必ずしもいえない、ということだ。相互行為のなかでパフォーマティブに仄めかされる"声"にも、たしかに人が内に秘めた本音のようなものが滲んでいることはあるかもしれないし、あるいはその人が思いもよらなかったような"声"が、自他の関係性のなかで発露することもありうるだろう。が、私たちが感知しうる"声"が、"本当の声"である保証はどこにもない。むしろ重要なのは、人の"本当の声"を聞くことができるという素朴な信仰を手放すことからはじめる、ということではないだろうか。もう二度と会うことがないかもしれない誰かと、社会の片隅ですれ違うとき、ランナーは確からしさとは程遠い交歓へと、僅かに賭けてみることができるのみだ。

私たちは、ひとりで走っていても、ひとりきりでは走っていない。その道のりにおいては、他のランナーたちの"声"が風に乗って通り過ぎ、ランナーではない人々の"声"も、ときには人間以外の"声"も、地表を転がっている。その"声"の残響だけでも受信できるような、そんな不完全なレコーダーとして走ることができたのなら、世界の端々にランナーがいることの意義も、すこし異なるものとして顕ち現れてくるのではなかろうか。

FUMIHISA MIYATA（宮田文久）
フリーランス編集者／津野海太郎著・宮田文久編『編集の提案』（黒鳥社）／博士（総合社会文化）／インタビュー連載「編集できない世界をめぐる対話」継続中／2024年は湘南国際マラソンを5時間弱で何とか完走。✕@editdisco　editdisco.blog.jp

CHITOSE KATO（加藤千蔵）
グラフィックデザイナー／イラストレーター。東京生まれ、東京藝術大学卒。デザイナーとして勤務後、フリーランスとして活動中。
@chitosekato　www.chitosekato.com

THE POETRY OF POMMIE PANTER

ポミー・パンターの詩（ポエトリー）

WORDS BY FRAN GREEN　ILLUSTRATION BY SUMIKA YAMATE　TRANSLATION BY TAKAFUMI KONDO

土曜の朝早く、友人ふたりと〈ポミー・パンター〉フェルレースで使われるルートのスタート地点から険しい丘を駆け上がっていると、友人のひとり、ジャワードが言う。「このあたりは大好きだけど、"ポミー・パンター"って言葉が頭から離れなくて。何度も何度もリピートされて、もう大嫌いだね」。たしかにそのとおり、その名前はわけもなく浮かんでくる。5月のうららかな日曜日に参加したピーク・ディストリクトでの9.3キロ（5.8マイル）という初レースからほんのひと月あまり、今朝このルートを走るのは楽しむのが目的だ。ジャワードとトニーとぼくは、レースをするわけじゃない。ここに来たのはぼくらが友人どうしだから、このルートはいいルート——それどころか美しいルート——だから、そしてふたりは未体験だし、最後に泳げる川もあるからだ。

ぼくらはホワイト・ピーク地域のユールグレイヴにいる。このあたりはダーク・ピーク地域よりも明るい感じで、典型的なイングランドの田園地方らしい印象だ。ダーク・ピークはもっと荒涼として深みを感じさせ、荘厳な風景と早く出会いやすい。広い谷や、黒いグリットストーンが積み重なった斜面、そのあいだのヘザーが生い茂る荒れ野が相まって、ちょっとスコットランドのハイランド地方に似ている。紫と茶に彩られた響きがペナイン山脈を南下し、カースルトンの村にはね返って、自然にしか形づくれないリングに反響し、ダヴ谷付近で静まったと思ったら、アシュボーンの町ではもう聞こえない。そのリングの中央から隆起した台地ホワイト・ピークにも、荘厳な風景はある。でもそれは隠れがちで見えるほうが意外に思えるほど、気軽に眺められる絵のような丘陵に覆われているか、死角になって目に入らないかなのだ。羊に供するアルカディア然とした表面とは裏腹に、ホワイト・ピークには、不意に口を開く深い峡谷があって、

奇妙な名前の石灰岩の露頭が、風のような形をして空を向いている。

ぼくが初〈パンター〉を走ったときは、友人のエドとその相棒のクリスがいっしょだった。今回はジャワードとトニーがいっしょで、前回より夏は深まっているのにどういうわけか、かなり寒い。丘を半分登ったあたりで、レース中にそこで何人か抜いた記憶が今朝に重なり、野原や丘陵、木々のあいだにしばらく挿入される。傾斜はかなりきついけれど、まわりは青々として、ぼくらのペースが乱れることはない。いつものように気楽におしゃべりする。ランニングについて、これから向かう場所について、景色について。思っていることについてもときどき、故障についてはたびたび。

〈ポミー・パンター〉は復唱するとおぼえやすい名前だ。誰にしろ名づけた人は、そこにちょっとした音楽を仕込んでみせた。同じ音楽が込められた名前に、ロスト・ラッド（Lost Lad）、ラヴァーズ・リープ（Lover's Leap）、チェルモートン・ホブ（the Chelmorton Hob）、ジェニー・グリーンティース（Jenny Greenteeth）、マグパイ・マイン（Magpie Mine）がある*。そういった音や言葉はわかりやすくて語呂がいいし、声に出して言うのが楽しいのは、頭韻だけのおかげじゃない。その節には何かがあって、韻律と聴覚に対する特性が脳を楽しませ、試したり選んだり、唱えたいと思わせる。空は暗く、不気味でどんよりしていても、草原は生き生きとして青く、転がるように遠くへ広がっているし、激しいスタートのあとに頂上で左に曲がるのも楽しい。頂から、曲がりくねったトレイル

を下りていき、木立がつくる陰と交差して谷に入ると、森林地帯はそれまでの道のりよりずっと暗くなっている。少し入り組んだ足跡と道をあとにして草原に出れば、それまでより平らではあるけれど、小高い丘に隠れた水路や沼地ででこぼこだ。

ジャワードが細道を走りながら、笑い声まじりにぼくに言う、「とびきりの田園風景だけどさ、まだあのファ*キングな名前が頭から離れない」。それで思うのは、言葉のなかの音楽が英国の田園風景を形づくってきたのかもしれないということだ。そんな名前や言いまわしが町や村に根づき、物語や歌に命が吹き込まれて、会話のなかで使われやすくなり、感受性のある人が遠く離れた土地に送り届ける。ジャワードの脳がやっているのは、名前に含まれた音楽に仕向けられるまま、それを繰り返して伝えることで、やがてその名前は日常に溶け込み、ぼくらのまわりにあるものを理解し、語るひとつのやり方になる。その振る舞いはインターネットミームにも似たところがあるけれど、保存先はコンピューターじゃなくて、心だ。

こんなふうにできている田園地方について考えるのは、太古の世界をのぞく方法になる。そこでは話し言葉が書き言葉よりも重要で、当時は名前や物語、場所を記憶するには音を使ったほうが書くよりも簡単だった。今日でも、地名によってはスペルがいろいろあるのに、発音は同じという場合がある。イングランドのSF作家、M・ジョン・ハリスンはYoulgreaveの出身で、彼の小説にはYulgraveと呼ばれるものが登場する。かと思えば、この

村名は、'e'をひとつ抜いてYoulgraveとつづられることもある。Yulgrave、Youlgreave、Youlgraveは、声に出して発せられるのを聞いてみれば、どれも同じ発音だ。

耳にするのも口にするのも心地よい破裂音の奥には、語り伝えに由来する呼称や名前の堅固な実用性がある。〈パンター（Panter）〉は激しい運動を、〈ポミー（Pommie）〉はレースの舞台となる場所を表している。日常会話では、〈ポミー〉というのはユールグレイヴ出身者のことだ。

小道をたどって川のほとりに出ると、波打つ黄色の草原が広がり、たくさんの黒いビニールに包まれた干し草の梱が不ぞろいな間隔で丘の中腹に置かれている。ビニールは少しばかり近づきにくい感じがするけれど、全体的な効果が印象深い。黄色に黒は警戒色の組み合わせだし、梱の整然とした様子は機械を連想させ、草地では場違いに感じられる。

この区間は典型的なホワイト・ピークのクロスカントリーだ。見たところ高すぎることも険しすぎることもなく、田園らしく野性と活気に満ちているのに、すばやく駆け抜けようとすると前進は遅く困難になる。1、2マイルのあいだは、まるでさまざまな周波数の波形が目の前の草原で混ざり合うかのようだ。トニーは割れた地面と折れた足首について言いたいことがあるらしく、そんな話を持ち出すのも当然だとぼくは思う。

ぼくらがナビゲーション上のミスを犯すのはこのあたりだ。レース中に作成されたこの道の電子マップはもっていても、ルートは記憶を頼りにたどっ

空は暗く、不気味でどんよりしていても、
草原は生き生きとして青く、転がるように遠くへ広がっている

ている。それで何度か曲がるところを間違えるわけだけれど——思うに、これはすべてに当てはまることだ——正しい進路はどういうわけか意識にすべりこんでくることが多い。

　赤いトビが右のほうに滑空してくる。間近で見ると本物とは思えないほど大きい。トビはおびえるでもなく電線の上方をなめらかに舞い、ぼくらのほぼ真上で停止したあげく、カラスの群れに追い払われる。ここは軽い上り坂だ。安定したペースを見つけて草原を越えると、さらに農地や牛、紺碧の空が広がっている。

　ぼくらのランニンググループには独自の言い伝えがあるし、たぶんそれはどのランニンググループも同じだと思う。ぼくらは移動しながらしゃべり、いまどこにいるのか話し合い、何が目に入るか意見をまとめる。鳥のシルエットについて語り、ここの川はなぜリヴァー・ラスキル（River Lathkill）じゃなくてリヴァー・ブラッドフォード（River Bradford）と呼ばれるのか考える。でもあとのことは記憶からすり抜け、大きく印象に残るのは、話すことでぼくらのまわりのものはつくられるということだ。"聖書（Word of God）"がたぶん話すことによって生み出されたもっとも名高い現実だけれど、いちばん考えてみたくなるのは、"刑を言い渡す判事（a judge pronouncing a sentence）"かもしれず、というのもひとえに「刑を言い渡す」は判事の役割の説明であり、と同時に法を現実のものとする方法でもあるからだ。レースのスタートを告げるのは話すこと（もしくは銃、運がよければ空砲）であって、書くことではない。

　ラマたちが木陰から顔をのぞかせ、ぼくらが通過するのを見送る。また別の草地まで来ると、まわりを小さな丘に囲まれているせいか、奥まっていて、ピーク・ディストリクトのほかの通行路から切り離されているかのようだ。波打つ草でいっぱいの湿地を走り、野

の花や石灰岩の露頭を通過する際、岩がむき出しの骨のようにはっきり見える。はるか遠く、山頂部には黄色い陽射しのトンネルがあり、揺らめく黒い山々に入道雲が立ち込めつつある。

　あやうく引き返しそうになるものの、ぼくらは着実なリズムを見つけて最終盤の上り坂に挑む。頂上に着くころには、休憩できるのがうれしい。谷が眼下に開けたかと思うと、景色が地平線にあふれていく。ぽかぽかして霧雨が降りつづいている。ぼくはへとへとで、記憶力が目に入るものに追いつかないけれど、それはどうでもいい。とにかく正しい進路はたどっているようだ。ただ、何もかも初めてという気がする。それどころか、レースでの最終セクションでいちばん記憶に残っているのは、丘で追い抜いた男があえぎながらこう言ってきたことなのだ。「すっげえフ＊ッキンなランニングしやがるな、いやおまえみたいに丘を登るなんて、おれには無理」。最後にぼくらは握手を交わし、ぬかるみについて、ほかの季節の具合と比べてどうかといった話をした。

　ぼくらのグループは転がるように谷へと下りると、リヴァー・ブラッドフォードの岸に沿って走り、アルポートの村に着いたら反対側の岸を戻ってくることにする。その一周を終えたら、谷の頂上を走るトレイルへ。そこでは野鳥狩りで飛び交う甲高い鳴き声が聞

こえ、ウサギが生け垣や茂みのあいだを急いで駆けたりする。

　話し言葉をひいきにしても、書き言葉が消えるわけではない。ドストエフスキーは小説を口述して筆記者に書き取らせたわけで、あの疾走感、彼が随所でとらえる夢のような雰囲気はその賜物だと思う。あの音の荒々しさと端正に書かれたページの平静さは調和しがたい。そのふたつを混ぜ合わせたら火花が飛ぶのか何も生まれないのかは、判断に苦しむところだ。

　ここまで来て、村のすぐそばに戻ったぼくらが川へと向かい、慎重に冷たい水に足を踏み入れると、さざ波がアシや水際へと広がっていく。そこはひっそりとして、人っ子ひとりいない。●

＊　いずれもピーク・ディストリクト内の土地や、民間に伝わるゆかりの小鬼、妖精の名前

———————

FRAN GREEN（フラン・グリーン）
イングランドはシェフィールドのランナー。彼のアートと文章はさらに本人のウェブサイトで見ることができる。
@between6and16miles
www.between6and16miles.co.uk

SUMIKA YAMATE（山手澄香）
1992年生まれ。イラストレーター。温かく優しい世界観を得意としている。
@yamate_sumika 085
yamatesumika.myportfolio.com

GUS
OF WAVENY

ウェイヴニーの森で

WORDS BY CHRIS PETER　ILLUSTRATION BY AYAKA TAKASE　TRANSLATION BY MIDORI AOYAMA

　気が乗らなかったけれど、僕らはニューヨークシティから郊外へ引っ越した。上の子が学校に入る年になったときのことだ。その頃、ランニングは長く続いていた不健康な習慣に取って代わるものになっていた。走ることによって、考え、リラックスし、自分を日々のストレスから解放して、セントラル・パークが見せる自然の世界の片鱗に触れるひと時が得られた。

　毎朝6時20分のニューヨーク行きの電車に乗ることが、仕事のための新たなスケジュールになった。このことは、大手銀行宛ての問い合わせをさばくという来るべき忙しい1日に備えるための充分な時間を与えてくれた。だいたいの日は本当にカオスで、全方位からイナズマのようなスピードであれこれ変化球が飛んできた。ゴールキーパーのウォームアップのために、ホッケーチームのみんながキーパーに向けて色々な角度からランダムにパックを打ち込む感じだ。走ることは、そういう環境から離れて、夜ごはんやお風呂、読み聞かせや寝る前のおとぎ話が必要な二人の子供たちが主役の、1200スクエアフィート（約111㎡）の騒々しくも楽しいアパートの部屋へと帰る切り替えの時間だった。

　フェアフィールド郡[*1]に越してきてすぐ、明らかになったことがあった。それは、朝に走るようにした方がよさそうだということだった。夜遅くに街から帰ってくると、寝る前に少しだけある家族の時間がなくなってしまうからだ。それに、僕は新しいホームタウンの自分の近所の道を知らなかった。知っているのは、家と駅と酒屋だけだった。

　僕はいくつかの問題を同時に解決しようとした──いつものごとく、無茶なやり方で。ニューヨーク・シティ・マラソンにエントリーしたのだ。これで、僕は朝4時半に起きることになるだろう。毎日走ることができるし、近所の道がわかる。それから仕事前に頭もスッキリするだろう。

　かなり足の重い朝が、何日か続いた──その時刻にベッドから出るのは簡単ではなかった。でも、何週間か経つと、ノってきた。フラッシュライトとリフレクションベストを元気良く掴んで、暖かな夏の夜明け前を歩いていった。どのルートを行くかあまり気にせず近所をサクッと1週すると、最初は3、4マイルになった。こうやって、20週間のプログラ

ムをスタートした。

　最初は、よく知らない土地でまだ暗いなかを走るのは気が進まなかった——夜の帳に、月と星と、どこかの玄関の明かりが輝いた。街の音に慣れた僕の耳に、森からの音が聞こえてくる。渋滞のホワイトノイズと大都市の混雑の音が、フラッシュライトに照らされた視界に広がる奇妙な沈黙に取って代わったかと思うと、今度は姿の見えない鳥の鳴き声や、はたまた仲間や食べ物を探す動物の声がそれを打ち砕く。

　ライトに反射するいくつかの黄色い目が、僕の存在を認めると朝陽が作る長い影のなかにさっと逃げていくこともある。これにつられて、僕の走るペースは自然と上がる。自分が足音を立てている郊外のルートの傍らにある谷底に、姿は見えないが何者かがいることがわかる。イヤでもあり好きでもあるアドレナリンが勝手に出てくる。

　トレーニングが進むと、僕が日々走る近所のルートは広がっていった。ある朝新しいルートを走って

いると、トレーニングを始めてから初めて見る人がいた。長い直線ルートを、独特のフォームで走っていた。少し前かがみで、足取りは重そうだ。近づくにつれ、さらにわかってきた。40代後半、もしくは50代前半かもしれない。白いものが混じった濡れた長い髪がタオル地のヘアバンドで留められていて、ビヨン・ボルグ[*2] みたいだ。クリーム色の、赤と白と青のストライプのスウェットパンツを、ヴィンテージのシューズに収まっているチューブソックスにタックインしている。Tシャツもヴィンテージで、ローリング・ストーンズの1981年のツアー『Tattoo You』のベースボールスリーブだった。

「何というか」と思った。「ローカルのイケてる人で、音楽の趣味も良さそうだ」

　彼が自分の存在に気づくように、驚かせないようにしつつわざとらしく咳をしたり唾を吐いたりした。

「おはようございます！ 良い感じですね！」追い抜きながらそう声をかけた。

「おはよう、良い1日を……」と彼はほがらかに応

それから何日か、毎朝彼を見た

えた。一緒になった瞬間が嬉しいようだった。

それから何日か、毎朝彼を見た。いつも違うコットンのヴィンテージTシャツ——ヴェルヴェット・アンダーグラウンド、フランク・ザッパ、ピンク・フロイド、グレイトフル・デッド——を着ていた。シャツは紙のように薄くて、アッパー・ウェストサイドのチェーン店「Scoop」で売っている既製品とは違うものだった。彼を見るようになって10回くらいで、ちゃんと挨拶をしたほうがいいと思った。明らかにご近所さんで、彼と僕には少なくとも二つの共通点がある——我々は朝4時に走っていて、音楽の趣味が似ている。

彼はウェイヴニー・パークのサウス・アヴェニューと並行に走る道で、僕の少し先を走っていた。ゆっくりで、安定していて、彼の年齢には相応のペースだ。今朝は、オールマン・ブラザーズ・バンドのアルバム『Eat a Peach』のTシャツだ。オールドスクールなウォークマンから音楽が漏れ聞こえてくる。少しずつ近づいていくと、それはザ・ビートルズの「I've Got a Feeling」だった。

> I've got a feeling, a feeling deep inside
> Oh yeah, oh yeah.
> （感じる、奥底に感じる）
>
> I've got a feeling, a feeling I can't hide
> Oh no, oh no, oh no.
> （感じる、どうしようもなく）
>
> Yeah, I've got a feeling.
> （感じるんだ）
> Oh please believe me,
> I'd hate to miss the train Oh yeah, oh yeah.
> （信じてほしい、電車に乗り遅れたくないって）
> And if you leave me I won't be late again
> （君が僕から去るのなら、
> 遅れるってことはなくなるけどね）

> Oh no, oh no, oh no.
>
> Yeah, I've got a feeling, yeah.
> （感じるんだよ）

彼のそばまで来たとき、サックス・ミドルスクールの校庭に朝陽が昇った。年季の入った、青白い顔が照らされる。60代半ばに見えた。片方の足を少し気にしていて、それが彼とわかるストライドになっていた。古い怪我と何年も付き合っているらしい。「おはようございます！」と僕は控えめに言った。「早くからやってますね！」

「ああ、どうも。そうだね、もう何年もこの時間にこのルートを走っているんだ。1日のうちでこの時間は、ピースフルだよ」彼はストライドを止めることなくカジュアルに応えた。「君も走っているよね。僕の名前はガスだ」

「お会いできて嬉しいです、ガスさん。挨拶できればと思って。朝の楽しみのお邪魔でないといいですが」

「走るの、大変だよ。時々寂しくもあるしね。よかったら公園を案内しようか。周りのトレイルはちょっとしたものだし、公園の中を抜ける小さい道にいくのはなおいいね……」

僕はその朝彼に案内してもらうことにした。そして何週間か続けて、ガスは我々二人のフラッシュライトが照らす森のあらゆるところを見せてくれた。我々は、公園とその地形の感触を楽しみ、あれこれと話をした。そして、断片的な会話の間の沈黙があった。

ハロウィンのトリック・オア・トリートの季節がやってきた。娘たちはコスチュームを着て、妻と僕は通りに吹き込んでくる冷たい風に備えて厚着をした。子供たちは家から家へと駆け回り、近隣住民の玄関や家の入り口に続く小道を親たちが幸せそうにゆっくり追っていく。この儀式のためにドアを開けておくというのがこの小さなコミュニティの慣わ

しだった。大きな鍋に入ったチリと、ビールとワインが用意された居心地の良い家に僕らは迎え入れられた。

　次の家に向かい、子供たちがドアを叩き、飛び跳ねながらドアが開くのを待つ。その家の女性がドアを開けると、暖かなライトの光が地面を照らした。「トリック・オア・トリート！」と子供たちが声を揃えて叫び、ピローケースを開けている。

「ハッピー・ハロウィーン！　お名前は何ていうの？」と彼女は言った。家の入り口のテーブルにキャンディが盛られた大きなサラダボウルがあった。その横に、シルバーのフレームに入った、ニューヨーク・シティ・マラソンのフィニッシュラインを満面の笑みで越える30代半ばの男性が写っている写真があった。近寄って、見た。

「あれ、これガスさんですね！　てことは、奥様ですよね！　僕はクリスといいます！」僕は、彼女に会った興奮で叫んだ。

「ガスを知ってるの？　どうして？　シティで一緒に働いたの？」彼女は驚いてそう言った。

「いえ、朝一緒に走っているんです。僕のこと、ガスさんはお話しされてないようですね」少し戸惑いながら小声で僕はそう伝えた。

「一緒に走っている？」

「一緒に、走っています。マラソンに向けて、トレーニングを手伝ってくれています」

　彼女の顔が青ざめた。子供たちがキャンディを摑めるようにサラダボウルを差し出すとき、彼女の手は震えていた。

「ガスは、心臓発作で亡くなったのよ。ウェイヴニーの森で、15年前に。朝8時に犬の散歩をしていた人がガスを見つけたの……」彼女はそう言って、頭を抱えて座った。

　僕は、時々まだガスに会うことがある。彼は、公園で幸せそうにしている。よく見るとわかると思う。君も彼に案内してもらうといい。ガスは最高のガイドなんだ。🄛

＊1　フェアフィールド郡：アメリカ・コネチカット州南西部に位置し州内で最も人口が多い。

＊2　ビヨン・ボルグ（Björn Borg、1956年～）：1970年代から80年代に活躍したスウェーデン出身のプロテニスプレーヤーで、ジミー・コナーズやジョン・マッケンローとともに男子テニスの黄金時代を築いた。長髪を留めるストライプのヘアバンドや、ディスコ風に着こなしたFILAのテニス・ウェアでテニスにおける新しいファッションスタイルを確立した。

CHRIS PETER（クリス・ピーター）

アメリカ・コネチカット州の熱心なランナーで、ライター。デビュー小説の出版を控えている。
@yogirunnerdad

AYAKA TAKASE（高瀬彩加）

1992年、愛媛県出身。イラストレーター。青山塾21期修了。
@nishikage_ayaka

THE
BEST
OF
BOTH
WORLDS

ふたつの世界のいいところ

WORDS BY PATRICIA OUDIT   PHOTOGRAPHY BY ALEXIS BERG   TRANSLATION BY TAKAFUMI KONDO

満足げでいて、妙に冷静に、デイヴィッド・ペニーは〈壁〉に手をふれる……イングランドとスコットランドの境界地方の村、カーク・イェットハムにあるボーダー・ホテルの壁に。2023年1月21日土曜日午前9時44分、ひょろっとした身体に225番のビブをつけたペニーは、見たところ足を引きずり、目は風や霜、疲労のために腫れ上がっている——まるでボクシングのリングで12ラウンドを戦い終えたばかりといった様子だ。45歳の彼は総距離429キロ（268マイル）、累積標高11,000メートルのペナイン・ウェイを走破した。この象徴的なハイキングトレイルは、イングランドの背骨のようにダービーシャー北部からスコットランドとの境界まで走っている。一世一代の旅の終わり。5年間、追い求めてきた聖杯だ。

冬のスパインレースに挑戦するなかには、景色を楽しみたい者もいれば、魂を探究したい者、個人の限界をどこまで押し広げられるか確かめたい者もいる。デイヴは自らの悪霊に向き合うためにやってきた。サポートクルーはなし、チェックポイントは5箇所のみで（それぞれざっと60キロ間隔だ）、各出場者が背負うバックパックの装備は10キロを超えることも少なくない。イングラ

ンドでもっとも過酷という評判のレースだ。

「だめだね。ぼろぼろだ」とデイヴは言う。「いままででいちばんハードなレースだ。ひどく暗くて、ひどくぬかるんでいて、ひどく寒い——人生でもとくに嫌なことばかりだ。光に向かって進むにはそういうものに立ち向かわないといけなかった。今回のようなレースを走ることは頭に棲みついた悪夢を取り払うのに役立つんだ」

矛盾に満ちたウルトラトレイルランニングの世界では、この手のマゾヒスティックな努力に喜びを見出すのはほぼ普通のことだとみなされる。とはいえ、デイヴには二重人格的なところがあるのかもしれない。

あなたはもしかしたらデイヴ・ペニーのことを、デイヴ・ペンとして知っているのではないだろうか。ロックコレクティヴのArchiveやエレクトロニックデュオBirdPenの共同フロントマン兼共同ソングライターとしてだ。ただ、レース前に凍てつく大地での無慈悲な冒険に乗り出す準備をする彼を見ても、その催眠的な声でオーディエンスを魅了するステージ上の姿は想像しにくい。「僕は何もかも対照的に思えるふたつの世界が好きだ。カオスやノイズ、群衆から、静寂と孤独へ移動すること

ができる」と彼は言う。「どちらの場合も、ある種の苦しみ、情熱、欲望へ向かっていく。ランニングをはじめるまえの僕は、ちょっと浮ついていてね……出歩いて、飲んだりハイになったりするのがロックバンドの生活の一部だったし。でもランニングをすると、集中して、道を踏み外さず、起きてトレーニングすることができる。二日酔いになったり気だるさを感じたり不機嫌になったりすることはない。走ったあとはいつも気分がよくなるんだ」。ランニングがあらゆる依存症に取って代わった。ランニングが依存症になったのだ。

「おかしなものさ」とデイヴはつづける。「もっと若いころは、ランニングは少し退屈に思えた。両親が走っていたんだ［というより、デイヴの父デニスは、マラソンを2時間59分で走ったことがある］。ふたりにスタートラインまで引きずっていかれたりしたけど、こっちはただサッカー選手かスケートボーダーになりたかった……ほかの子たちと同じように」

2010年、米国滞在中に兄のジェイムズからビール腹が目立ってきたことを指摘された。「何か変えないとデブのロッカーになるって言われてね。帰国するとNikeの安いシューズを買って、自宅がある通りの端までしか走れないのに、これはかなりイケるぞと思った。病みつきになって、それからずっとつづけてきた」

6カ月後、このイングランド人はワイト島の10マイルレースに参加した。2015年には、ウェールズのスノードニア・マラソンに父親とともに出場した。そこからペースが上がっていく――デイヴは2017年 に UTMB（171キロ）の味を知り、2022年に再度走りきった。145キ

ロのTDSも2018年に完走した。そして——必然の運命に向けたウォームアップなのだろうか——2019年夏のスパインレースを5日と14時間でフィニッシュする（初挑戦にしては立派すぎるくらいのタイムだ）。

　デイヴは平坦な土地が多いサウサンプトンで生まれ、現在もそこで暮らしているが、気づけば標高差を強く渇望していた……それとともにわき起こったのが果てしない距離への欲求である。結果として雨の降る1月の日曜日午前8時、ダービーシャーの魅力的な村イーデイルに姿を見せ、2023年冬のスパインレースのスタートに備えた。雨は激しく打ちつけ、大量のゴアテックス製ジャケットを水浸しにしていた。まだ出発しないうちに総勢148名の出場者はずぶ濡れになり、絞ったら水が出たとしてもおかしくなかった。

　そこから——連日、午後4時ごろの日没とともに暗闇が下りてはじまる、終わりの見えない夜のあいだ——スパインレースは内側から貪る吸血鬼と化した。それでも、パステル調やテクニカラーの曙が訪れるたび、夜の傷は閉じられ、網膜が開かれる。あるイングランドがデイヴの数百万におよぶ足跡の下に広がっていた。見渡すかぎりの、羊が人間に取って代わった砂漠、大腿骨が埋まるほど深い湿地だらけの荒れ野、小さすぎて風よけにならない周囲の石垣、点々とつづく霜のおりた木々、奇妙な雲の下で精いっぱい登る凍りついた崖。この田園部にある地獄のローラーコースターをめざし、男は山の磁力を感じながらも、周囲には平野しかないため、しかたなく何カ月ものあいだ、ひとり家のまわりの平地を何周もしたのだ——ヘッドランプを額につけ、まるで大移動に備

えるかのような装いで。

　6日6晩にわたって北へ向かうあいだ、デイヴは苦痛と至福をつづけざまに経験した。いまでも思い返すと苦しくなる。「最初の2日間は精神的にとてもきつくて、荒涼とした、水浸しの、風の強い土地ばかりだった」と彼は振り返る。「最初に喜びを感じたのは、グレート・シャナー・フェルだった。海抜716メートル、第2チェックポイントのすぐあとで、雪と寒さはあったにしても、太陽とその光がエネルギーを与えてくれたんだ。そこには驚くべき人物も同行していたしね。ジェイムズ・ハーガン、スパインレースに5度出場した男。僕は孤独が好きとはいっても、一匹狼じゃないし、レースの大半をいっしょに走ったことですごく助けられて、最悪の部分を乗り切ることができた」

　デイヴはその「最悪の部分」になじみがあるどころではなかった。2022年、142マイル地点にあるカウンティ・ダラムの村ミドルトン-イン-ティーズデイルで、デイヴはDNFとなった。彼の心は沈む――悪夢の第4夜に向き合えないことに落胆した。

　それから1年、デイヴのヘッドランプと青のアノラックは暗闇のなかでひときわ目立っている。彼は両親のデニスとキャロルとハグをするが、ふたりは当然ながらデイヴがまたDNFするのではないか心配だ。とはいえ息子はつづけることを決意している。足は泥で汚れたシューズに拘束され、いまにも爆発しそうにもかかわらず、あきらめるつもりは毛頭なかった。「この2年間はずっとどん底の状態だった。Covid-19だったり、ステージで演奏することも自分を表現することもできなかったり……制限された区域で囚人みたいに走ったり。スペインは煉獄みたいに映るかもしれないが、僕から見れば解放だったといってもいい。とても自由で、広大で、ワイルドな場所だ」

　クロス・フェル、標高893メートル（約3,000フィート）。このレースでもっとも高い（そしてもっとも雪が多い）地点。その頂上で、トレイルランナーのデイヴが味わった栄光と達成感はステージに立ったときの興奮に近い。「演奏しているとき、パフォーマンスの最中に得られるアドレナリンは、登りの頂上やレースの終わりに僕を包むこの自然な幸福感にかなり近い。どちらのケースも、驚異的なアップダウンがある。われわれは純粋な感情を経験するんだ。クロス・フェルの頂上では、本物の冒険の中心にいる感覚を味わった」

　でももちろん、クライマックスのあとにかならず訪れるのがアンチクライマックスだ。ハドリアヌスの長城が、夜の吹雪のなか、湿地帯につづく油断のならない道に立ちはだかる。つづくチェヴィオット丘陵は暗闇のまっただなかだ。「恐ろしいことに、前に進めなくて、しかもまだまだ先に行かなくてはならないという感覚……」とデイヴは振り返る。「まさに拷問だ」

　デイヴの評判は本人より先を行く。ベリンガムにある第5チェックポイント、225マイル地点に到着すると、ボランティアの男性がスマートフォンでArchiveの曲を再生する。「いまこの瞬間、みんなが僕に何を期待しているのかわからない。ちょっと困るんだ。こういうレースでは、すごく集中していて、自分が外とか、よそにいるとか……そんなことはどうでもよくなってしまうから」。日常生活では、ルーティンがデイヴのふたつの世界をつないでいる。長いツアーのあいだは、週に2、3回、10マイルから25マイルを昼ごろ走るように心がける。「ライヴが終わるのはかなり遅い時間だからね。サウンドエンジニアのJPがなかなかのランナーで、地図をダウンロードして近くの丘や森を探してくれる……ツアーが進むと、だんだん出かけなくなるし、疲れがたまってきて……でも、たいていトレイルが助けてくれるんだ。走れば走るほど、呼吸すればするほど、肺と横隔膜を使って歌うのがうまくなるしね」

　スパインレースのあいだに、デイヴのランニングと歌声は折衷的なプレイリストで混ざり合った。Archiveの曲（「といってもア・カペラで、誰にともなく、人里離れたところでだ――人生でこんなことをするなんて考えもしなかったし、まったく自分らしくない！」）からボウイへ。〈Modern Love / モダン・ラヴ〉が耳に残る曲（イヤーワーム）となる――スタート前後に聴いてからというもの、何日も頭にこびりついて離れなかった。「最悪なのは、カルチャー・クラブの曲まで口ずさんだことだ！」と彼は笑う。「それからフレーミング・リップスの〈Do You Realize?? / ドゥ・ユー・リアライズ？？〉。歌詞がジェイムズと僕の関係にぴったりだった。こんなことが書かれている。"時間は矢のごとく、いいことを長続きさせるのは難しい、幸せがきみを泣かせる……"。どうかしていて、神秘的だった」

　デイヴは自分に話しかけるうち、わけても凍った地面の上で車椅子に乗った悪魔を目にした。悪霊たちはそこに居座っているが、ときどき陥るような暴走はしていな

い──あと100マイルは苦しまないと追い払えず、「いつかはいなくなるって保証はない」にしてもだ。

　やがて、145時間44分46秒後に（うち12時間は睡眠時間である）、フィニッシュラインは蜃気楼のごとく、スコットランドの淡い青色の空の下に現れた。胃はジェリーベイビーで満たされ（おかげでばかばかしくもジェリーベイビー依存症になり）、デイヴは52位で走り終えた（完走者は81名──出走者148人のうち67人がDNFしている）。

　デイヴ・ペニーは〈壁〉に手をふれた。それはシンボルなのか……それとも共生関係なのか？　『ザ・ウォール』といえばもちろん、伝説的なピンク・フロイドの2枚組アルバムで、ピンク・フロイドは16歳のデイヴが初めてライヴを観たバンドだった。「僕にとっては、それですべてが変わった」と彼は言う。「それが物事の始まりだった。スパインも間違いなく何かの、ほかの何かの始まりだ。越えなければならない壁はたくさんある、いたるところに──いいメタファーだ」

歩くのもやっとだったが、デイヴはスタジオに復帰した。そしてリハーサルしたのは、スパインレースのずっとまえから取り組んでいた曲だ──もっとも、それは今回の体験を要約し、響き合うものとなっている。「もう終わりだと言わないでくれ／まだ光が見える／そこで砕けたとしても／寒い孤独な夜であっても」🅛

───────────

ALEXIS BERG（アレクシス・バーグ）
スポーツフォトグラファー、ジャーナリスト、フィルムメイカーであり、出版社 Les Editions Mons の共同設立者。
⊙@alexis_berg　www.alexisberg.com

PATRICIA OUDIT（パトリシア・ウディ）
フランス人ジャーナリスト、雑誌 Neuf Dixième のコ・ファウンダー。Géo、Le Monde、L'Équipe、The Red Bulletin に寄稿している。⊙@patoo_waou　www.neufdixieme.com

"THROUGH" WITH THEM

オリヴァー・サックスの言葉から

WORDS BY MIDORI AOYAMA   ILLUSTRATION BY AMAMIZU YOSHIDA

オリヴァー・サックス（1933-2015）とは？

ロバート・デ・ニーロやロビン・ウィリアムズが出演した映画『レナードの朝』（原題 Awakenings）の原作を書いた人物だというと、ああ、そうだったのか、と思う人もいるだろう。筆者もそうだった。

ロンドンに生まれ、オックスフォード大学で生理学や医学を修めた。それから米国に渡り神経／精神医学者として病院や大学で診療・研究を行い、2007年からはコロンビア大学のメディカルセンターで教授を務めた。

デ・ニーロが演じたように、サックスの実際の臨床の現場では、嗜眠性脳炎で眠り続けていた患者たちが（パーキンソン病に対する治療薬として今も使われている）L-DOPAによって「目覚め」た。彼らにとって新しい世界は鮮やかで、（再び眠りに落ちてしまったとしても）かけがえのない人生のひとときだっただろう。

そんな年月にサックスは多くの手紙を残していて、そのうちいくつかが『The New Yorker』誌に掲載されている（2024年9月30日付）。

1970年5月6日に両親に向けた手紙にはサックスの価値観が表れている一節がある——「I am "through" with them」（患者と"共に経験"する）という一文だ。

サックスは、「患者が目覚めること、人生を知ることを"共に経験"することが、臨床研究という自分にとっての生涯の仕事へとつながっている」と伝えている。

数値やエビデンスに基づいた診断という方法論は（それが専門家の知見として有効なのは明白でありながらも）ときに一方的な様相を帯びるものであり、患者固有の物語を平坦化するリスクもある。サックスはそれに苛立ちもする。

サックスは、彼の性的マイノリティとしての特性を知った母親の「生まれてこなければよかったのに」という言葉に傷ついたという。人間の物語への興味と深い共感、そして知性と実践がサックスの本領であったとするならば、あるいはそれは自身のことも救済したいという感覚によるものだったのかもしれない。

「もうひとつの声」という今号の巻頭にある言葉は、米国の発達心理学者キャロル・ギリガンの『もうひとつの声で——心理学の理論とケアの倫理』（風行社）にインスパイアされたものだ。

ギリガンは、同書「第二章　関係性の複数のイメージ」で、「人間の経験に関する相矛盾する二つの真理」についてこう書いている。

"それは［第一に］、人間は他者とつながって生きることによって初めて、それぞれを分離して捉えることができるという真理であり、［第二に］人間は他者を自己から区別して初めて関係性を経験することができるという真理である"。

サックスやギリガンのように、鮮やかな世界の、そこにあるもうひとつの声、あの人の声、自分の声を私たちは聞くことができるのだろうか。自分と誰か、自分と何かのより良い関係のためにどんな事ができるだろうか。

矢崎智也氏は「次の『ワイルド』」を探し、桑原慶氏の毎日が「急に輝き出し」、若林恵氏は「みんなのきもち」のことを考えた。ロブ・シャンツ氏の「境界が溶け」、宮田文久氏が「何かを聞こうと」し、鏑木毅氏が南アフリカで見たものを語る。それから、「幽霊」や「ポミー・パンターの詩」といったたくさんの物語が世界に溢れている。その断片をすくい取り、ただただ一緒にそこにいようとしているのが今号だ。

2025年の陽が昇る。すでにそこにある声が聞こえてくる——早くあの人に会いに行きたくて、小走りになる。Ⓛ

MIDORI AOYAMA（青山みどり）

翻訳家／編集者／ジャーナリスト／ライター。ドキュメンタリー、小説を中心に英語・日本語の翻訳を行っている。
midoriaoyama.substack.com

AMAMIZU YOSHIDA（吉田雨水）

東京都在住のイラストレーター。目をひく色彩と、独特なシルエットを生かした表現を得意とする。
Ⓘ @yoshidamamizu
yoshidamamizu.wixsite.com/yoshidamamizu

RUNNING
ZUISOU
Running Zuisou

ランニングのレンズを通して語ると何が見えるのか？
こころ、からだ、社会、経済、紀行、歴史、都市、環境について、
世界各地、古今東西のストーリーをまとめた。

PEACE, (SELF) LOVE AND BODILY AUTONOMY

［からだ］変化はあるもの

WHY THE CONVERSATION AROUND BODY IMAGE,
WEIGHT AND NUTRITION IN THE RUNNING WORLD NEEDS MORE NUANCE

WORDS BY ABBY CARNEY   ILLUSTRATION BY *LIKE THE WIND*   TRANSLATION BY ASUKA KAWANABE

私が何をしようが、何を言おうが言うまいが、関係ないようだ。

ランニングしている自分の写真を投稿すれば（中略）

人々は必ず体型についてコメントしてくる

1年半前に、怪我をしたときのことだ。クロストレーニングと筋トレを継続していたにもかかわらず、たった1、2週間走るのを止めただけで服の着心地が変わった。それでも前向きにいようと思って、インスタグラムのストーリーにエアロバイクに乗る自分の姿を投稿した。「怪我の回復にはまだ時間がかかりそうだし、もう着られないズボンが何枚かあるけれど、なんとかなるよね」

すると、すぐさま善意に満ちたチームメイトの一人が余計なお世話を焼き始めた。ズボンのサイズで価値が決まるわけじゃない、今のままの君は十分魅力的だ、といった類の言葉を送ってきたのだ。よかれと思ってしたことはわかる。だが、そんな決まり文句めいた言葉を聞かされて、むしろイライラと不快感が募った。自己肯定感が失われているなどとは一言も言っていないし、ズボンのサイズで自分の価値を計っているわけでもない。ランニング系のインフルエンサーは皆そう思い込んでいるようだが、痩せていることや引き締まった体型が記録向上に直結するなんて、私は一度も信じたことがない。

実際のところ、6.8キロ体重が増えた去年も、私は自己ベストを2回更新していた。目標達成には炭水化物が重要だということはわかっているし、しっかり栄養を摂ることを恐れてもいない。ランナーたちが書く「体型なんて気にしていない」「見た目なんて気にして

いない」といったキャプションには心が温まるが、そうした他人の意見は複雑な体型に対する私の考え方にほとんど影響を与えたことがない。自分の身体に対する感覚や見方は、常に他人との関係ではなく、自分自身との関係性の問題である。他人の目なんてどうでもいい。

そもそも、その人には口を出す資格なんてなかったと思う。特に、その人は私の過去や身体との関係について何も知らないのだから。とはいえ、こういった類のメッセージを受け取ったのはこれが初めてではなかった。人が体重や体型の変化について不快に感じたり、悲しんだり、がっかりしたり、何とも思わなかったり——どんな感情を抱いても構わないということを、みんなもっと当たり前に考えるべきだと思う。確かに、体型を無条件に受け入れることは立派なことだし、多くの人にとって健全な目標だろう。だが、その価値観を他人に押し付けるべきではないのだ。愛をもって変化を拒否し、望む結果に向かって努力することだって許されるはずだ。

ランニング界隈は、体型や身体の組成、栄養といった話題に関してかなり強いこだわりをもっている。もう少し柔軟な考え方ができれば、ずっと良くなるはずだろうに。私の場合、この身体に関する悩みについてはあまり話さないようにしている。話すと周りが居心地悪そうにするし、そうなると決まって自分の経験を

矮小化されて、ありきたりな褒め言葉やアドバイスを聞かされることになるからだ。でも、時には自分の気持ちを共有することもある。例えば去年の冬には、自分の体型に自信がもてたときのレース写真を投稿した。体重が増えて、しばらく自分らしさを感じられずにいた時期だったから、これは大きな励みになった。このとき私は、ポジティブな面を表現したかっただけだった。あの瞬間は、まさに勝利だったから。

　それでも結局のところ、私が何をしようが、何を言おうが言うまいが、関係ないようである。ランニングしている自分の写真を投稿すれば、詳しい説明を加えようと加えまいと、人々は必ず体型についてコメントしてくる。あの投稿でも、自分の身体についてどう感じるべきかというアドバイスばかり集まった。体型が変わってから一番よく聞かされるのは、「すごくパワフルになった」という言葉だ。これは、典型的な細身ではないランナーに対してよく使われる、お世辞めいた婉曲表現である（念のため言っておくが、これは競技ランナーの基準での話だ。客観的に見れば自分は細いほうだし、プロランナーのアリー・キーファーですら「がっしりした体型」の例として挙げられることがあるくらいだ）。皮肉なことに、私は細い頃のほうがずっと強かった。今も週3回はウェイトトレーニングをしているが、クロスフィットからランニング専用の筋トレに切り替えたことで、一時的にせよ、全体的な

筋力は落ちている。レースではキックを利かせてラストスパートを決められるけど、1、2年前のように重いウェイトを持ち上げることはできないし、重い機内持ち込みバッグを、まるで軽いハンドバッグのように頭上の収納棚に放り込むこともできなくなった。

　インクルージョンを促進しようとするランニング界の動きは重要だ。年齢、宗教、性的指向、ジェンダーアイデンティティ、収入レベル、体型を問わず、より多くのランナーを受け入れようとする取り組みには拍手を送りたい。

　だが、摂食障害や栄養不足という深刻な問題に立ち向かおうとするあまり、ランニング界の多くがそれに過剰に反応し、一般化し過ぎて、体型や体組成、栄養に関するあらゆる会話を遮断してしまっている。摂食障害や栄養不足は、生理不順や骨密度の低下、免疫力の低下、消化器系の不調につながる重大問題だ。確かに、食事は燃料で燃料は必要なものだという重要なメッセージは繰り返し啓蒙されるべきだし、健全な行動とマインドセットを促すことも大切。しかし、摂食障害に苦しむ人に「黙ってハンバーガーでも食べろよ。今のままで十分いいじゃないか」と言って片付けるのは、その人の苦しみを軽視することになる。表面的にはポジティブなアプローチに見えるかもしれないが、実際にはそれ以上の対話を閉ざしてしまう。これは、複雑な話題を避けたがる人の態度だ。まるで、喪

自分の身体に対する感覚や見方は、

常に他人との関係ではなく、自分自身との関係性の問題である。

他人の目なんてどうでもいい

中の人にさっと弔いの品を手渡し「もう安らかになられましたよ」と言い残し、悲しみがうつるのを恐れるかのように足早に立ち去るようなものだ。

「私たちは一人ひとり違う人間。栄養補給だって十人十色」と、ジェン・サン・ジャンは最近のインスタグラムの投稿で語っている。栄養やトレーニング、ランニングに関する喧騒や、「ある集団には当てはまるかもしれないが、まるで普遍的な真理のように語られる一般論」を切り分けて考えようという内容だ。

サン・ジャンは優れた中距離ランナーで、フォーダム大学のクロスカントリーとトラックのアシスタントコーチを務めている。数年前には短期間だが私のリモートコーチも務めていた彼女は、自身のプラットフォームを通じてコーチングの知恵や、過去に試してみて効果的だったことなどを共有している。そして最近、サン・ジャンは体型や栄養補給に関する議論に新しい視点を加えている。必要とされていた視点だ。それは、私たち一人ひとりが独自の目標とニーズをもつ個人であり、デリケートな話題だからといってこれらの問題について話し合うことを避けるべきではないというものである。「アスリートと栄養、体重、体組成について話し合うことは、決して悪いことではない」と、彼女は言う。

スポーツにおける相対的エネルギー不足（RED-S）や摂食障害のリスクがある、あるいはすでに苦しんで

いる人たちへの対応は急務だ。RED-Sは、日常生活やトレーニングで摂取カロリーよりも多くのエネルギーを消費した場合に起こる。ただし、ほとんどのアスリートは自分が栄養不足に陥っていることにすら気付いていないので、教育が必要だ。一方で、SNSやランニングコミュニティでよく見かけるメッセージには、繊細さが欠けている。記録向上のために選手に減量を強いるコーチは、長年にわたりあらゆるスポーツに存在してきた。メアリー・ケインがアルベルト・サラザールの指導下で経験したと主張する出来事のように、虐待や有害な文化についての話は尽きることがない。

ともにセラピストであるケイティ・スティールとティファニー・ブラウンは新著『The Price She Pays』のなかで、女子スポーツに隠された精神衛生の危機に切り込んでいる。同書で紹介されているのは、体重測定やボディスキャン、キャリパーでの体脂肪測定を強いられた女性アスリートたちの数々の証言だ。スティール自身もそうした経験があり、20歳のときにサラザールが紹介した内分泌専門医から甲状腺機能低下症の薬を処方された。オレゴン大学の長距離チームでの記録が伸び悩んでいたのは、おそらくRED-Sが原因だったのに、体重増加や疲労の原因となりうる甲状腺機能低下症と誤診されたのだ。

彼女に必要だったのは、休養と適切な栄養補給によって自身のバランスを取り戻すための、チームやコー

チからの思いやりと指導だった。しかし、信頼していた人々に利用され、その経験によるトラウマは今も続いている。「痩せることがスピードに直結するわけではない」と訴える動画が投稿される背景には、一般的な美の基準やダイエット文化と共に、こうした弊害やメッセージへの真っ当な抵抗がある。

むしろ、そういった無条件の体型肯定やボディポジティブな文化こそが、10代の頃の自分を摂食障害と強迫的な運動へとさらに追い込んでいったのだ。月並みなメッセージは、自分が本当に苦しんでいた問題とひどく乖離していた。「今の身体をそのまま無条件で受け入れられないのなら、黙っていろ」というメッセージが痛いほど伝わってきた。だから、私は黙ったのだった。

そして私は、自分の行動を隠すようになった。クロスカントリーの練習後、こっそり寮を抜け出しては電車に乗ってモールへ行き、ハイドロキシカットなどのダイエットピルを買い漁った。大量のカフェインで心臓が激しく鼓動するのを感じながら、恐怖を抱えてトレーニングに参加した。暴食を隠し、1枚丸々のピザやガールスカウトが販売するクッキーひと箱を平らげた直後でも、テンポ走をこなした。練習後にも水泳で追加の運動をし、余分な距離を走り、就寝前には強迫的に腹筋運動をこなした挙句、ストレス性の骨折を負うことになった。

最後には自分からキャンパス内のスポーツセラピストのもとを訪れ、セラピーのセッションを重ねるうちに状態は良くなっていった。癒しの過程に終わりはなく、この問題との付き合いは一生続くだろう。でも、強迫的な行動、過食、制限食、過度な運動は20歳くらいで終わりを告げた。それ以来、食事と運動に対して築いてこられた前向きで直感的な関係は、まさに奇跡のようなものだと思っている。

思春期の記憶で最も鮮明なのは、周りからの叱責や戒め、そして「あなたは美しい」といった建前だらけの言葉が、自分の状態をより悪化させていったことだ。周りが勝手に思い込んでいた問題と、実際の問題は全く違っていた。今でもそれは変わらない。

少しでも繊細さがあれば、「話を聞いてほしい」という思いが通じていれば、と思う。若かった頃、誰かが怖がったり尻込みしたりせずに、率直な対話をしていたらと願う。確かに、完全な摂食障害に苦しむ多くの人々にとって、「これで十分」とか「これだけ痩せれば」という到達点は永遠に存在しないのかもしれない。でも、自分はそうじゃなかった。

大人になって、自分でクロスフィットとプログレッシブな重量挙げを始めてみたら、思いがけず子どもの頃から夢見ていた引き締まった体型と体組成を手に入れることができた。ダイエットをしたわけでもなく、不健康な行動に走ったわけでもない。本当に素晴らし

ランニング界では、意図的に身体を変えることに 強い抵抗感があるようだ

い気分で、生き生きとして、頭もクリアで、自分の身体に自信が持てた。何でもできる弾丸のような感覚だった。日々の生活とパフォーマンスのために必要な栄養を摂り、すべての食事を心から楽しんだ。さらに痩せたいという際限のない欲求もなかった。ただバーベルを握り、強くなることを受け入れただけで、こんなにも満足できる体型に出会えるという事実が嬉しかった。

もし子どもの頃、誰かが何も包み隠さず私と話をしてくれていたら、フィットネス誌に答えを求めたり、自分勝手な行動に走ったりすることはなかっただろう。違う形の会話ができていれば、骨の健康や生理不順の危険性、スポーツ寿命について、もっと積極的に学ぼうとしていたはずだ。悩みをもつ私を黙らせるのではなく、何に自信がもてないのか聞いてくれていれば、こう答えていただろう。自分が健康で強くて、今のままで完璧だということはわかっているけれど、スパッツのユニフォームを着たときに、腸詰めから中身が押し出されるような感覚がしたり、太ももが膨らんでお腹が上からはみ出す感覚は味わいたくないのだと。確かに、それは普通のことで何も問題ない。自分を変える必要はないけれど、変えたいと思うのも、それはそれでいいはずだ。

もし誰かが「もっと自分を愛しなさい」と遮らず、私の悩みや願いに耳を傾け、共感を示しながら、強く

なることに焦点を当て、タンパク質と炭水化物を十分摂ることを優先するようアドバイスしてくれていたら、私を子ども時代に苦しめた摂食障害的な行動パターンは決して生まれなかった。

サン・ジャンがインスタグラムでこのトピックの締めくくりに書いたこの言葉を読んだときは、涙が出そうになった。「コーチとして、選手から質問を受けたとき、まず『どう感じているの？』とか『イライラしているようだけれど、何があったの？　どうサポートできる？』と聞くところから始めるのがいいかもしれない」。誰も私にそんな質問をしてくれなかったけど、そんな言葉をかけられていればすべてが変わっていたはずだ。彼女が言うように、この話題をタブー視すれば、「選手たちは本当に何をすればいいかわからなくなってしまう。だから、自分たちで学び、それぞれの目標達成のために、きちんとした専門家の助けを借りよう」というわけだ。

お互いに思いやりをもちながらボディニュートラルなメッセージを目指すことはできる。それと同時に、人々が自分の身体に対して主体性をもつこともできる。体重の増加やその他の変化を受け入れることも、（適度な範囲で）異なる体組成を目指すことも、どちらも問題ないはずだ。ランニング界では、意図的に身体を変えることに強い抵抗感があるようだ。まるで減量すること自体が罪であるかのように。真剣な競技者

として、パフォーマンスのための栄養補給が最優先であることには同意するし、それを妨げたくはない。でも、体組成や見た目を一切気にしてはいけない、というのは非現実的で不公平だと思う。

パワーリフティングジムでの週一のストレングストレーニングが、そんな風潮へのカウンターになる。ジムにはボディビルダーやウェイトリフター、他の真剣なアスリートたちがいて、彼らは特定の見た目や体格を目指したいという願望を恥ずかしがることなく口にする。友人のサルマドは、単に「Tシャツを着たときにかっこよく見える」こと、つまり上腕二頭筋を大きくすることを目標に、何年も前からウェイトトレーニングを始めた。今ではその過程そのものに魅了された総合的なストレングスアスリートになったが、自分の好みの体型について語ることを遠慮することはしない。SNSではよく、女性たちが「お尻の筋肉を大きくしたい」「理想的なヒップラインを手に入れたいと」オープンに語っているし、そのなかにはランナーもいる。だから、健康的な方法で引き締まった身体を目指したいと願うランナーの想いを、まるで罪のように扱うべきではない。

怪我によって増えた体重は、ようやく落ち始めてきた。少しずつ昔の自分を取り戻している感じがして励みになる。でも、自分の身体のことで選択をするたび、それを責めるような人たちがいなければよかったなと思うこともある。自分が一番心地よく、自分らしさを感じられる体型に戻ろうとしているだけなのに、何か悪いことをしているみたいに言われ続けてきたからだ。

ランナーだって、体重が増えることもあれば減ることもある。それについて良い気持ちになることも、嫌な気持ちになることも、何とも思わないこともある。全部あっていい。朝起きて落ち込むことだってあるし、身体の変化について色んな感情を抱くのも当たり前のことである。健康的でちゃんと考えられた方法なら、そういう変化に向き合おうとする姿勢だって、全く問題ないはずなのだ。Ⓛ

ABBY CARNEY（アビー・カーニー）

ニューヨーク在住のライター、ジャーナリスト、陸上ランナー。X @abbymcarney　www.abbycarney.com

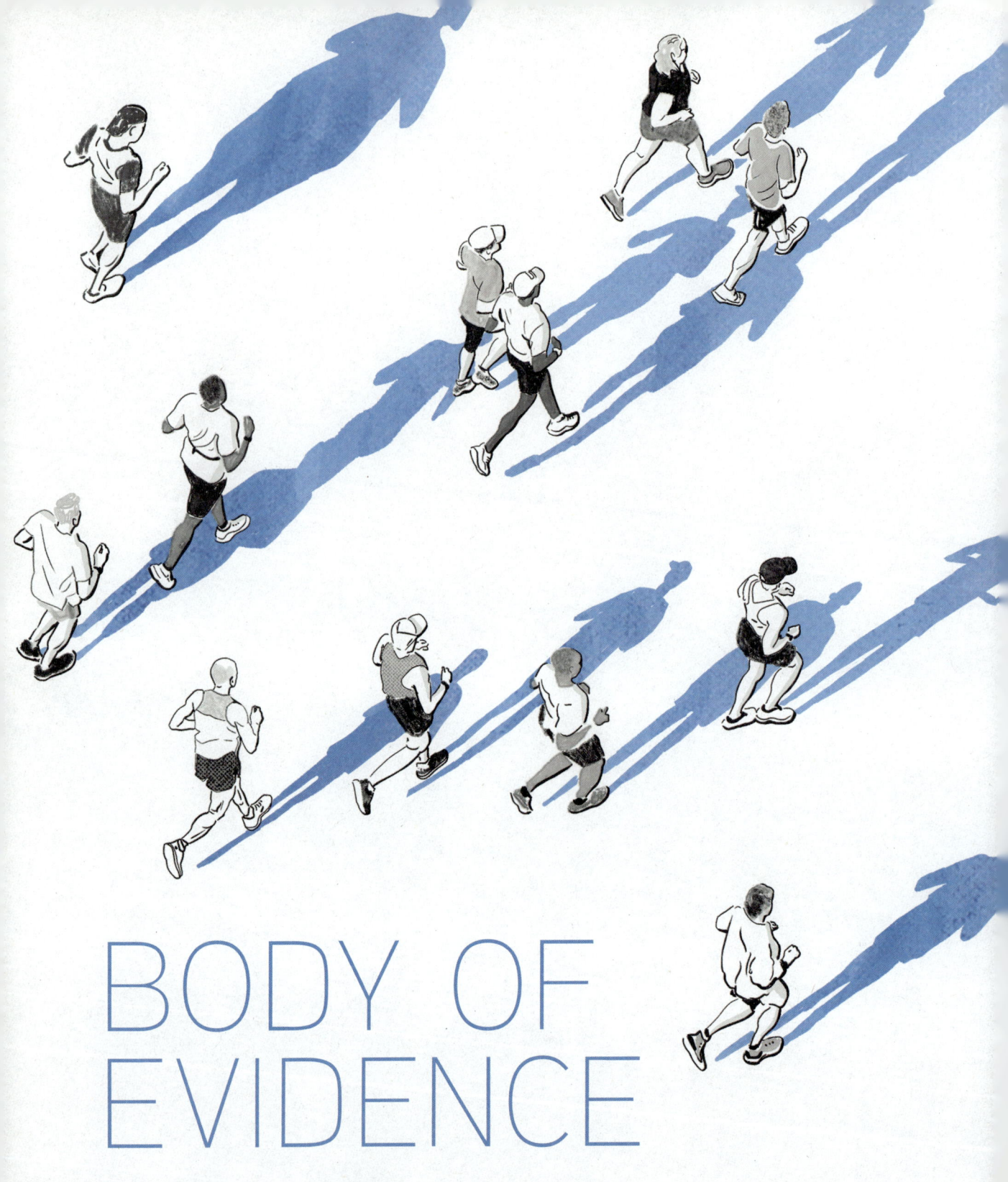

BODY OF EVIDENCE

[こころ] 男性の不安障害

INTRODUCTION BY *LIKE THE WIND*   ILLUSTRATION BY CIARAN MURPHY   TRANSLATION BY YUTO MIYAMOTO

イギリスのメンタルヘルス関連慈善団体「Mind」によれば、醜形恐怖症とは身体イメージに関連する不安障害のことだという。醜形恐怖症は強迫性障害と密接に関連しており、他人からは気づかれない、もしくは非常に些細にしか見えない身体的特徴を、欠点として執拗に当事者が心配するものだと「Mind」は説明する。

多くの心理的状態と同様、醜形恐怖症は、「自分がどう見えるか」について当人が極端に考え、行動する傾向のことである。人が自分の身体をどう捉えるのかについて、ランニングはふたつのかたちで関わりうる。ひとつは、多くの人がランニングを体重を減らしたり維持したりするための方法とみなしていること。もうひとつは、

多くの競技アスリート（エリートレベルでなくても）が、体重を減らせばパフォーマンスが向上すると信じていることだ。

醜形恐怖症や摂食障害、過食症、拒食症といったテーマが話題に上ると、世間一般には女性のこととして考えられがちだ。だが、外見について悩む男性も少なくない。実際、醜形恐怖症の亜型である筋肉醜形症（自分の身体が小さ過ぎると思い込むこと）は、女性よりも男性のほうがはるかになりやすい。だから、自分の身体がどう見えるかを気にするあまり、ランニングとの関係に問題が生じた男性がいることは驚くに当たらない。ここでは、3人の男性がそれぞれの体験をシェアしてくれた。

01 TAKING SHAPE

僕をつくった摂食障害

WORDS BY TOM FAIRBROTHER

摂食障害は、他の精神疾患よりも多くの命を奪っている——深刻な症状を負った5人に1人が、身体への影響や自殺によって若くして亡くなっている。イギリスでは125万人を超える人々が摂食障害に苦しんでいるが、男性はそのなかのわずか25％である。

そのひとりが僕だった。

僕の旅が始まったのは2012年にさかのぼる。あの朧げな夏の日々、誰もがロンドンオリンピックに夢中になり、僕たちはコミュニティとして、国として、最高の時間を過ごしていた。競技場の中でも外でも、僕たちはひとつになっていた。

ゴルフとサッカーをして育ったが、23歳になるまでランニングはしたことがなかった。最初は健康のために走っていた。GPSウォッチもなければ、おしゃれなシューズもない。仕事前の早朝の時間にひとりで走っていたから、自分がどれくらい丈夫で、どれくらい速かったのかもわからなかった。僕にとって、タイムは意味をなさなかった。

2012年に10kmレースに参加したとき、自分がかなり速いことに気づいた。34分29秒で走り、3位に入賞した。終わったあとに、イプスウィッチのクラブのコーチに声をかけられた。彼はそのすぐあとにクラブが主催した5マイルのレースに僕を呼んでくれて、そこでも3位でゴールした。その夜、僕はクラブに入った。

かなりの負けず嫌いで（家族でモノポリーをするときはなかなか負けを認めたがらない）、ハマりやすい性格の僕は、すぐにランニングにのめり込んでいった。あの2012年の夏、僕は片っ端からレースに出場した。自己ベストの更新はドラッグのようなものだった。次の注射が待ち切れなかった。週に2〜3回はレースに出場した。自分を追い込み、より速く走ることで得られるエンドルフィンを過剰摂取していた。ランニングのことが頭から離れなくなった。

その年の10月には、ミュンヘンで初マラソンのスタート

ラインに立っていた。自信過剰で準備不足だった僕はひどいペース配分で走り、無謀にも前半を1時間15分で走り、最後の10kmは歩いたり走ったりしながら2時間38分で完走した。最初はがっかりしたが、これからもっと良くなるだろうと思った。

24歳になり、旅好きのマラソンランナーになりたかった僕は、ケニアでの3カ月の高地トレーニングキャンプに自費で参加することを決めた。2013年1月にイテンに到着したとき、僕はまだミュンヘンの最後の数マイルで負ったケガが治りかけの状態で走れなかった。世界クラスのオリンピック選手たちに囲まれながら、あの有名な「High Altitude Training Centre」に滞在した。ランニングを始めてからまだ6カ月の僕にとって、それは怖気づくような環境だった。

日が経つにつれて、他の選手たちがトレーニングランから戻ってくるのを見ながら、自分がデッキチェアに寝転んだりプールでアクアジョグしたりするしかないことにますます落胆していった。すべての会話はトレーニングのことばかりだった。明日はどんなセッションをするの？　今朝のランはどうだった？　僕は一歩も走ることができなかった。詐欺師になったような気分だった。

もちろん僕は痩せていた。僕はランナーなのだから。ランナーは痩せているべきだろう?

　僕はもともと内気で、よく言っても内向的な人間なので、ますます孤独を感じていた。僕はそこにいる資格などなかったのだ。しかしある日、アフリカの太陽が照りつけるプールサイドで、年配のオーストラリア人ランナーが僕の体重を尋ねた。知らない人に尋ねるにはかなり奇妙な質問だったが、とにかく僕は答えた。すると彼は、あと数キロ減量できれば、マラソンのタイムが大幅に改善するだろうと言ったのだった。

　もしかしたら僕は、快適な故郷が恋しかったのかもしれない。人との交流を望んでいたのかもしれない。この旅から何かを得ようと必死だったのかもしれない。とにかく彼の言葉が、僕のなかの何かを刺激した……それが僕のメンタルヘルスと食習慣を制御不能なものへと陥れていった。

　それからの2週間、僕は朝起きるとすぐに体重を量った。1日の目標は、翌朝までにその数字を下げることになった。走れなかったが、体重を減らすことはできる。1日2回、ジムでのトレーニングを始めた。それから昼食を抜くようになり、やがて朝食も摂らないようになった。毎日体重が減っているのを見て、少し元気を取り戻した。ポジティブなことにすがりつこうとしていた。

　走ってみたが、ケニアの過酷なトレイルでふくらはぎのケガは悪化してしまった。傷ついたプライド、とてつもない劣等感、使い物にならないふくらはぎ、そして拒食症の初期症状のせいで、それ以上そこにいても無駄だと思い、僕は帰国することにした。

　体力が回復し、週に80〜100マイル走れるようになったが、僕は体重に執着するようになっていた。最初のうちは長い間、時には何日も断食した。夜中に空腹で目が覚め、仕事に集中できなくなった。常に疲れていた。このひどい栄養失調状態に堪えきれず、一度何かを食べ始めると身体が暴走して、手当たり次第にむさぼり食うようになってしまった。すぐに罪悪感が襲ってきて、自分から吐いてしまう。僕は神経性過食

症になっていたのだ。

　摂食障害に支配された2年間だった。朝に走り、一日中何も食べず、夜は食べ過ぎ、すべて吐いた。友人や家族には、急激に体重が減った理由はランニングやトレーニングをたくさんしているからだと嘘をついた。もちろん僕は痩せていた。僕はランナーなのだから。ランナーは痩せているべきだろう?

　身体は弱り、常に疲れ切っていたにもかかわらず、僕は無理をして走っていた。しかし、ランニングはもはや楽しくなかった——趣味であり、情熱だったものが、憎むべきものになってしまったのだ。走るのは摂食障害を隠すためだった。当然のことながら、数え切れないほどのケガや不調を抱えるようになっていった。

　もはや自尊心は体重と結びついていた。朝起きて体重計に表示される数字が、僕が幸せかどうかを決める。頭のなかで、人は僕のことを「ガリガリのランナーのトム」として見ていると思った。いまやそれが僕のアイデンティティだ。その期待に応えなければいけない、というプレッシャーを感じていた。もし体重が増えたら、みんなは何と言うだろう? そんなことばかり考えていた。

　摂食障害は時に致命的な身体への影響や健康を脅かす問題を起こしうるが、僕にとって何よりも辛かったのは精神が病むことだった。執着にすべてを注ぎ込んだ。考えられるのは食べ物のことだけだ。何を食べる? いつ食べる? 食べていないことをどう隠す? どこで吐く? 僕は嘘つきの達人になり、常に自分の行動を隠そうとしていた。

　食べ物に関することはすべて避けるようになった。友人とのコーヒーも、誕生日会も、バーベキューも、結婚式も、パーティも、家族との食事も、仕事の昼食も、すべて断った。そうしたことをすべて捨て去ってしまうと、残るものは多くない。その結果、僕は引きこもりの孤独な人間になってしまった。理由をつけて友人と会わなかったり、ドタキャンした

丸2年間にわたって苦しんでいた間、僕は自分に、
自分の行動はコントロールできているんだと言い聞かせていた

りして彼らをがっかりさせることが続き、そのことでさらに自分が嫌いになっていった。

そんな状況が2014年12月まで続いた。僕は生きていなかった。ただの抜け殻として、以前の自分の影として存在しているだけだった。それは惨めな姿だった。転機が訪れたのはその月の後半、歯が痛くなって歯医者に行ったときだった。診察を受けたあと、個人的に話したいことがあると医者に言われた。

嘔吐のし過ぎで、僕の前歯は胃酸でほとんどすり減っていた。僕の痩せこけた弱々しい外見も考慮すれば、過食症が理由に違いないだろう、と彼は専門家として言った。彼は尋ねた。自分で吐いているのかと。

直接尋ねられたのは初めてだった。過食症のことがバレて、そんな状況で嘘をつくわけにもいかず、僕は告白するしかなかった。このままでは6カ月以内に前歯をすべて失うだろう、と彼は言った。専門家の治療を受けることもできるが、その前に破滅的な行動をやめなければいけないと。

僕は言葉も出なかった。ランニングのせいで体重が減ったとか、トレーニングに熱中するあまり引きこもりがちになっていたと嘘をつくことはできたが、26歳で前歯がなくなったことをどう隠せばいいというのだろう?

その時点でやるべきことは、友人や家族に打ち明け、そこからの辛い数カ月を乗り切るためのサポートネットワークをつくることだったのだろう。しかし僕は、みんなに言うのがみっともなくて、バカにされるのが怖くて、それを自分だけの秘密にした。

回復へ向かう最初の数日は恐ろしかった。本当にひどかった。クリスマスが間近に迫っていたが、ホリデーシーズンは食べ物を意味する——それも大量の。クリスマスの朝、僕は食事に"値する"ために20マイルのランニングに出かけた。家族がロースト・ディナーと付け合わせを食べている間、僕

はなんとか野菜スープを1杯飲んだ。これ自体が画期的な出来事だった。

それからの数週間は、食事のたびに大きな罪悪感に苛まれた。吐きたいという衝動に駆られたが、別のことを考えたり、食事のあとに人と会う予定を入れたりすることで、その最悪の時期を乗り切った。すべては頭のなかにあるネガティブな考えと闘うためだった。

少しずつ、少しずつだが、楽になっていった。僕は過食症の習慣を断ち切った。吐きたいという衝動は治まり始めた。体重が増えたが、それは予想していたことだった。すべての服を大きいサイズのものに買い換えなければいけなかったのは屈辱的だった。そしてすぐに体重計を捨てることを決めた。もうその数字を知りたくなかった。苦痛でしかなかったから。

僕はすぐに身体の変化を実感した。空腹を感じなくなったので、よく眠れるようになり、その結果すっきりと起きられるようになった。力強く走れるようになり、元気も湧いてきた。ケガも減って、トレーニングの量を増やせるようになった。

2015年のはじめ、ノーフォークでの10マイルレースを53分15秒で走り自己ベストを更新するとともに、最後の1マイルでアイアンマン・トライアスロンの選手、ジョー・スキッパーを抜いて優勝した。信じられなかった。体重はかなり増えていたが、これまで以上に調子が良かったのだ。レースで勝ったことは、自分が正しい道を進んでいることを確信させてくれるものだった。病弱だった頃、僕は自分自身に、「体重が減れば速くなり、体重が増えれば遅くなる」と言い聞かせていた。これはランニングの世界では広く受け入れられている考えだが、僕はそれが誤りであることを証明したのだ。

過食症で苦しんでいたことを誰かに打ち明けるまでに、さらに9カ月かかった。この時点で体重はかなり増えていたが、僕が恐れていたように、「太った」からと僕のことを笑ったり、

拒絶したりするような人はいなかった。

　友人や家族に打ち明けることは、摂食障害に苦しんだのは自分のせいではないことを受け入れるための最後のステップだった。彼らのほとんどは、僕に何が起きていたのか見当がついていた。しかし僕にどう接したらいいのか、どんな言葉をかけるべきかわからなかったのだと言った。

　1年も経たないうちに、僕は5kmレースからマラソンまでのあらゆる距離で自己ベストを更新した。恥と罪悪感は、誇りと強さに取って代わった。摂食障害に苦しみ、悲惨にも二度と回復できない人が何千といる。それは、命にも関わる深刻な精神疾患だ。僕はここで、自分の体験を語ることができて幸運だと思う。

　振り返ると、僕は過食症で苦しんでいた時期にマラソンを走ることを決めた。僕は痩せ過ぎで栄養失調だったから、簡単に倒れたり、骨折したりしたし、もっと悪いことだって起き得ただろう。向こう見ずで、極めて危険な行為だった。

　多くの男性と同じように、僕は最初、自分が精神疾患を抱えていることを認めようとしなかった。丸2年間にわたって苦しんでいた間、僕は自分に、自分の行動はコントロールできていて、いつでもやめられるんだと言い聞かせていた。何度も試みては失敗していたにもかかわらず。

　自分のしていることがみっともなくて、人に何かを言われるのが怖くて、僕は長い間、黙って苦しむことにした。僕は、二度と取り戻すことのできない人生の大きなイベントや経験を逃した。しかし、他の精神疾患と同じように、摂食障害は誰にでも起こり得るものだ。それは僕のせいではなかった。

　ケニアを訪れてから10年が経ち、35歳になったいま、イテンでのほろ苦い記憶を思い返さずにはいられない。ランニングをしているときに、いまあの地に戻ることができたらと想像することがある。より健康で、たくましく、強靭なアスリートとして戻ることができたらどうだっただろう、と。

　競争の激しいトップの環境で、僕はやっていけただろうか？　ランナーとして次のレベルに行けただろうか？　それとも僕は萎縮し、とっくに癒えた傷のかさぶたをいじり始めただろうか？

　後悔もたくさんある。リフトバレーを走るという、ケニアの真の文化を体験できなかったのは残念だ。もしあのとき誰かを連れていっていたら？　もしあの日、プールサイドに座っていなかったら？　いま頃自分はどこにいただろう？　結局のところそれは知る由もなく、いまさら思い悩んでも意味がないことだ。

　僕の経験は、ランナーとして、またひとりの人間としての自分をかたちづくることになった。オンラインで過食症の経験を共有したことで、妻のコラリーと出会うことができた。僕の人生に起きた最高の出来事だ。僕たちは7年以上一緒にいるが、彼女がいなければいまの僕はいなかっただろう。

　僕の道のりが教えてくれたのは、「痩せていること＝速いこと」ではないということだ。もちろんそれは、幸せであることとも関係ない。僕の走力はかつてないほど上がっている。今年初めて、ハーフマラソンで70分の壁を破り、マラソンは2時間30分を切るタイムで何度も完走した──どちらも達成できるとは思ってもいなかった記録である。

**友人や家族には、急激に体重が減った理由は
ランニングやトレーニングをたくさんしているからだと嘘をついた**

　8年間体重を量っていないが、服のサイズを考えると、過食症だった頃に比べてずいぶん重くなっているはずだ。走行距離は週に60〜65マイル程度に減らし、1日に2回走ることもない。その結果、体力も気力も回復力も上がった。量よりも質を重視し、無駄なランをなくすことで、よりハードなトレーニングを行うことができるようになった。

　そして何より大事なのは、ランニングへの愛を取り戻したことだ。僕はいま、走らなければいけないからではなく、走りたいから走っている。ランニングはいちばん好きなことだが、それが僕を定義するわけではない。走ることはもう、僕が僕であることとは関係ない。

　歯に受けたダメージはひどく、20回以上の通院と何度もの歯茎の手術を経て、前歯6本を取り替える大掛かりな治療を受けなければいけなかった。NHS（イギリスの国民保健サービス）とガイズ病院のチームには感謝している。

　食べ物との関係は良くなったが、完璧ではない。休養日を過ごすときに、怠けていると思ったり、罪悪感を抱いたりすることはなくなった。しかし、食事に関してはまだまだ融通がきかない。ルーティンをもつことで生活に秩序をもたらせることは学んだけれど、これはまだ取り組んでいる途中である。

　心の傷も残っている。うつや不安と格闘する時期もある。しかしいまは、初期兆候に気づけるようになり、メンタルヘルスについてオープンになることで、妻や家族、友人のサポートを受けられるようになった。

　人生の多くの時間を、ただ存在することだけに費やしてきた。いまなら僕は、自分には幸せになる価値があると言うことができる。ランニングが僕の価値を決めるわけではないし、ましてや体重が決めるわけでもない。人生は生きるためにある。思い出をつくり、人と共有するためにある。もしあなたが苦しんでいるなら、電話をしてほしい。メッセージを送ってほしい。あなたはひとりではない。

TOM FAIRBROTHER（トム・フェアブラザー）
イギリス・サフォーク在住のマラソンランナー、ライター。
@tomlfairbrother　X @fairboyruns
www.tomrunstrails.wordpress.com

A MEANS TO AN END
ランニングとは何でないのか

WORDS BY ANDY PUNTER

私より前に、あるいは私の後で、ランニングを始めた多くの人たちと同じように、私も体重を少し減らすために走り始めた。当初は、ある種の決意をもって運動に取り組んでいた。2日に一度、ランニング用じゃない靴の紐を結び、コットンのTシャツを着て、5kmの坂道を行って帰ってきた。どんな天候でも、歯を食いしばって全力で走った。当時の私にとっては、これがアクティブなライフスタイルだった。

熱心な初心者なら誰でもそうであるように、私も徐々に速くなり、タンスの上に隠しておいた小さなノートにタイムを記録していった。これは2009年のことで、スマートフォンも「Couch to 5Km（起きてすぐ5kmの意）」のプログラムもまだ一般的ではなかった。私の努力は実を結び、余分な体重は落ちていった。実際、その4年間で体重は60kg減った。より速く、より力強く、坂を上っていけるようになった。その頃はタイムが速くなることがすべてだった……そして速く走るために数グラムでも減量することが。進歩は直線的で、予測可能で、一貫していた。

自分が上達している感覚が好きだった。注目を浴びるのも好きだったし、友人や家族から褒めてもらえるのも嬉しかった。私はいまや、たくさんの運動を行うアクティブな人間になっていた——丈夫で、走るのが速く、気分も良かった。自分の見た目に完全に満足していたわけではなかったが、少なくともなりたい自分になるために努力する方法を知っている、という自信があった。それはすべてランニングのおかげだった。

だから、おそらくは必然的に、体重を減らすこととボディイメージとランニングは、私にとって切っても切れないものになった。幸い、運動とは単に体重を管理する以上のものである。しかし減量がランニングを始めたきっかけである以上、どう頑張っても、体重とランニングを切り分けることが私にはできなかった。

ランニングとは、メンタルヘルスを管理するうえで私が自由に使える最も効果的なツールである。走らなければ表現できなかった感情を表現し、走らなければ感じられなかったことを感じさせてくれる。軽く6〜7マイル走ったところで、抑えられていた感情が突然溢れ出し、理由もわからず涙が流れてくることが何度もあった。運動、屋外、静寂の組み合わせは、私にとってランニングでしか体験できないものであり、それが図らずも自分の潜在意識と深くつながることを可能にしてくれる。たとえそれによって、自分の見苦しく恥ずかしい部分を振り返ることになったとしても（潜在意識とつながれるのはこうした恥ずかしい部分を振り返らせてくれるから、と言うべきか）。

そう、ランニングにはたくさんのポジティブなことがあるけれど、そこには常に、ランニングと減量は切り離せないものであるという問題がつきまとう。自分の人生がコントロールできなくなってきたと感じると、たいていは食生活や栄養状態も乱れてくる。ランニングは、私の精神的・感情的なはけ口から、身体を変えていくためのツールへ、そして自分がコントロールできるものへと変わっていった。他では欠けているその主体性を発揮するために、私は距離と強度を増やしていった。

この時期、私はランニングの抽象的な側面を忘れて、単なるカロリーを燃やすための運動だと思っていた。ランニングを通して自己表現をするなんていう考えは捨て、ランニングをもっと醜いもの、すなわち喜びのない自己破壊の行為にしてしまっていた。「もっとできたらいいのに」と、私は自分に言い聞かせる。もっと走って、食事を減らして……そうすれば、鏡に映る自分が本当に望むアスリートになれるのに。

もちろん、ランナーであるだけでは不十分だ。見た目もランナーでなければいけない。引き締まってたくましい、アスリートの強い身体を手に入れなければいけない。当然ながら、

もっと走って、食事を減らして……そうすれば、
鏡に映る自分が本当に望むアスリートになれるのに

そんなふうに思えば自分の身体と自分が望む身体の隔たりは大きくなる。ランニングが自分の問題をすべて解決し、自分を完璧にしてくれるという期待は裏切られ、私はランニングから遠ざかってしまう。

ありがたいことに、私は少しずつ危ない兆候を見極めることを学び、体系的なトレーニングを休むべきタイミングがわかるようになってきた。自分を正そうとするプレッシャーが大きくなりすぎて、自分に抱くあらゆる期待に届いていないという厳しい現実から離れる必要があるとき、私はその空白を埋めるために他のことを試してみる——ウェイトトレーニング、長い散歩、瞑想、外国語の長編映画。休息は数カ月続くこともあれば、数分や数時間で終わることもある。

この文章を書いているいまは、休息に入って約2週間が経つ頃だ。この2週間、ランニングはメンタルヘルスを守り、外見を維持するためにやらなくてはいけないことではなくなり、自分の意思で、あるいは友だちと一緒に行うものとして、自分の都合に合わせて始めたりやめたりできるものになっている。おそらく多くの人にとっては、ランニングとはそもそもこういうものなのだろうか？ それを実践するのは、わかってはいるが難しい。

こうした休息は妙に複雑なものだ。最初は解放された気分になる。もう計画に縛られなくていいのだ！ と。しかしそれから、無気力でやる気も起きず、枠組みも境界もない日々のなかで空回りしているような気分になる。そういうときはたいてい、少し怖い。今回の休息をとろうと思ったときに最初に脳裏をよぎったのは、「大変だ、週に何マイルか走らないとまた太ってしまう」ということだった。そうした考えにしがみつくのは、自分のためにならない思考パターンに縛られることだと、いまならわかる。私はその恐怖に屈するのではなく、立ち向かうことを学ばなければいけない。走っても走らなくても、スリムでもそうでなくても、それほど大きな問題じゃないんだと、ようやく受け入れられるようになってきた。私のことを愛してくれる人たちはどんな私でも愛してくれるし、私も私自身のことを愛せるようになるだろう。

いまの自分、いまの身体で、ランニング（と人生そのもの）に愛と思いやりをもって向き合うことを学べば、ランニングに対する複雑で難しい感情も薄れていくのではないかと楽観的に考えている。私が残したいと願うのは、私が大事だと思うランニングの素晴らしさだけだ——友情、マインドフルネス、自然とのつながり、自分の身体の限界に挑む自由……あるいはただ静かにポッドキャストを聴くこと。

ランニングとは何であるのか、そして何より、ランニングとは何でないのかを尊重することを学ぶのに、長い時間がかかった。ランニングは自己実現の素晴らしい手段になり得るし、魂を感じさせてくれるもの、瞑想状態にさせてくれるものとして、私たちと他者や自然との距離を近づけてくれる。しかし、ランニングがそうでなければいけないわけじゃない。過度な期待は最終的に失望につながり、私を傷つけることだろう。ランニングは私を正したり、完璧な自分に近づけたり、自分への思いやりを教えてくれるものではない。そうではなく、私はいま、そのときどきのランニングに向き合うことを学んでいる。そして、自分の足が赴くままに、そのとき見えてくる景色に合わせて、走ることを楽しもうとしている。

———————

ANDY PUNTER（アンディ・パンター）
ランニングシューズを履くことが多い映画好きのコーヒー通。
@send_running_dad

03

DEFINITIONS

一体何なのか

WORDS BY KEVIN BROWN

10代の頃、ランニングに出かけると自分の影を見ていた。とくに夜中に近所を走るときは、街灯が自分の前に落とす影を見ていたものだ。自分がランナーに見えると思ったことはない。私の姿勢や足取りは——もちろんスピードも——私が思い描くランナーのそれではなかった。他のランナーたちのように、背が高く、痩せているわけでもない。もしそんな体型だったら、高校ではその頃好きだったバスケットボールのチームに入っていただろう。

歳をとっても私がランナーに見えることはなかった。数年でほとんど元に戻したとはいえ、大学院でかなり体重が増えたときはとくに。私は主に体重を減らすために、あるいは減らした体重を維持するために走っていたから、ランナーとしての自分のイメージは常に外見と、というより実のところ体重と結びついていた。腕時計の数字よりも、体重計の数字を気にしていた。

ランナーはみんなスリムで、ガゼルのように走らなければいけないと思っていた。ランニングは楽に見えるもの、楽にできるものだと思っていた。私はこうしたことを、若くて白人のシスジェンダー男性として考えていたので、若い女性やノンバイナリーのランナーたちが、なかでも人種的・民族的マイノリティの人たちが直面するプレッシャーについては知り得ない。ローレン・フレッシュマンの『Good for a Girl』、アリソン・デシアの『Running While Black』、カラ・ガウチャーの『The Longest Race』のような本のおかげで、彼ら、彼女らのようなランナーたちが抱え続けている困難について議論することができるようになったとはいえ。

実際、ある友人はどこかで女性を見かけたときにほとんど同じ表現しか使わない。スーパーでも、映画館でも、どこでも、彼はこう言うのだ。「彼女はランナーだ」と。まずはこうしたコメントに対して、私は苦言を呈すし、これからもそうするつもりだということは伝えておきたい。それから彼自身はランナーではなく、運動も一切しないことにも言及しておくべきだろう。そのコメントからもわかるように、彼のランニングに対する知識はゼロどころかマイナスである。とはいえ彼は、典型的な「ランナー」を認識することができる。

このステレオタイプは本当に問題だ。体型やサイズに関する明らかな問題である。ランナーでない人たちは、ランナーはみな背が高く、スリムで、知り合いのランナーが自分を茶化した動画のなかで冗談を言っていたように、体重を量るにはグラビティ・ブーツが必要だと考えている。近所や緑道、レース会場に行けば、こうした固定観念はすぐに覆されるだろう。とくに、私よりも2倍大きな人が、私や私と同じような体型の人たちよりも先にゴールするのを目にすれば。

だがこの例からも、また別の問題、すなわちランナーについてのもうひとつのステレオタイプが浮かび上がってくる。私の友人のようなランナーではない人（そして残念ながらランナーの多くも）は、ランナーはレースでタイムを縮めたり、同世代の人たちに勝つために走っていると信じている。そういうランナーは少数派だ。大きな目標はもたずに、日や週に1マイルや数マイル——あるいはどんな頻度でも好きなだけ

ランナーになるには走らなければいけないのか、とさえ私は思うようになってきた

——走るだけで満足しているランナーも大勢いるからだ。週に一度、足を引きずるように1マイル走る人もいれば、ゼッケンを付ける予定もなく20マイル走る人もいる。実際、シューズ部品などの製造会社・ARRIS Compositesが2023年に発表したレポートによると、アメリカのランナーの38％は週に3マイル以下しか走っておらず、週に4〜6マイル走るのは29％だ。定期的に10マイル以上走る人は13％しかいない。これは、ほとんどの人が抱く、毎週末に長距離ランを行うランナーのイメージとはかけ離れている。

ランナーになるには走らなければいけないのか、とさえ私は思うようになってきた。去年はケガで、走れない時期が6カ月あった。それでも教えている学校のジムは使っていたので、同僚たちは私がウェイトリフティングや有酸素運動をしてからシャワーを浴びて仕事に向かうところを見ていた。彼らはよくランニングの調子はどうかと私に尋ねたが、その質問に答えるのには苦労した。もしどちらかが急いでいるときは、今朝はウェイトをしただけだと答えるようにしていた。時間に余裕があって、さらに相手が仲の良い同僚の場合は、ケガをして走れないことを説明した。

とはいえ、私は自分のことをランナーとは呼べないと思っていた。もし走れなかったら——それも数日や数週間ではなく、数カ月や時に数年走れなければ——自分をランナーと呼ぶのは嘘になるだろう。私は執筆に対しても同じ葛藤を抱えている。詩やエッセイ、本を出版していても、数カ月書いていない時期があると、自分が作家なのかどうか怪しくなってくる。どんなときに人は作家やランナーでなくなるのかはわからない。私の場合は、作家にもランナーにも復帰することができたが、戻らない日、戻れない日が来るかもしれない。私がいつ、自分のことを作家やランナーと呼ばなくなるのかはわからないが、いずれそうなるかもしれない。

もともと自分のことを「ランナー」や「作家」と呼ぶことに躊躇していたのだから無理もない。自分のことを作家と思うまでに10年近くかかった——私はそれまで教師として生計を立てており、執筆は明らかに副業だった。作家としてのキャリアを追求したこともなく、書くのはそれが私にとって世界を理解するための方法だからだ。同様に、私は高校や大学で走っていた人間ではない。いや、その頃からも走ってはいたが、ただ気が向いたときに走るだけだった。唯一の例外は、高校時代の体育の先生に勧められて一度だけレースに出たことである。

体育の授業で走った2マイル走のタイムが速かったので、先生は私がチームに入れると思ったようだ。レースに向けてトレーニングはしなかったが、入賞圏外とはいえ6位でゴールした。しかし私は、ランニングを続けるほどの興味をもてなかった。結局のところ、自分はランナーではないと思ったのだ。

ここまで読み進めてくれている人の多くは、そんな定義について悩む必要なんてないと思っているだろう。自分がランナーや作家だと思っているなら、他人が何と言おうとそう呼べばいいじゃないかと。もし自分を定義することがそんなに

私がいつ、自分のことを作家やランナーと呼ばなくなるのかはわからないが、いずれそうなるかもしれない

簡単なら、セラピストは失業してしまうだろう。走ることであれ書くことであれ何であれ、ほとんどの人は自分自身をどう捉えるべきかに悩んでいるのだから。そうした問いは外からやってくるだけでなく、私たちは自分のなかにもその疑念を抱え込んでいる。私が人生で出会った多くの人たちは、私のことを作家でありランナーでもあると思っているだろう。しかし私は、他人の定義について心配しているわけではない。私が心配しているのは、自分自身の定義である。

　もちろん、ランナーに対する固定観念を乗り越えることができれば、自分を定義する助けになるだろう。少なくとも、そのステレオタイプに当てはまらない人たちが、自分を違ったふうに見られるようになるだろう。彼らは、レースに出るべきかどうか、出るなら勝てるかどうかといったことに悩まなくてよくなるだろう。そして、自分がランナーであることを人に知られたときに、驚きの反応をされて困ることもなくなるだろう。私たちはみんな、ただ好きなときに、ただ好きなように走れるようになるだろう。そして、自分自身に対してこう言えるようになるだろう。「そう、私はランナーだ」と。それだけで充分なはずだ。🅛

――――――――

KEVIN BROWN（ケヴィン・ブラウン）
テネシー州ナッシュビルの高校の英語教師。ランニング、読書、執筆を行っているが、すべてを同時に行うことはない。
📷 @kevinbrownwrite　✖ @kevinbrownwrite
www.kevinbrownwrites.weebly.com

CIARAN MURPHY（シアラン・マーフィ）
スコットランド人イラストレーター、ポートレートアーティスト。
📷 @ciaranmurphyillustration　www.ciaranmurphyillustration.com

1% RUNNING CLUB

［社会］ランニングをみんなのものに

WORDS BY SIMON FREEMAN　PHOTOGRAPHY BY NICOLAS RÜBSTECK　TRANSLATION BY YUTO MIYAMOTO

　ランニングにおいて、数字はどれくらい重要だろう？　人によっては、数字がすべてだ。完走順位、走行距離、それにかかった時間、1週間に走った距離、レースの完走回数……彼らのランニング人生において、こうした数字は大きな意味をもつ。

　では、これらの数字はどうだろう？　2025年のロンドンマラソンには84万人以上が応募した。参加ランナーの総数は5万3000人程度になると思われるが、チャリティ枠、著名人枠、エリートランナー枠を考慮すると、抽選で参加できるランナーは1万7000人以下。すなわち当選確率は2％以下になる。ものすごい倍率だ。

　しかし、ロンドンマラソンのスタートラインに立つには別の方法もあり、それは成績を残して出場資格を得ることだ。選択肢は2つある。「グッド・フォー・エイジ」エントリーには、主催者が定める各年齢層における"グッド"なタイムで他のレースを走ったランナーが参加できる（例えば2024年のロンドンマラソンでは、45〜50歳の女性のグッド・フォー・エイジの目標タイムは3時間48分だった）。もうひとつの選択肢は「チャンピオンシップ」エントリーでスタートラインに立つことだ。これは過去のレースで一定の基準を満たした英国陸上競技クラブのメンバーたちからなる「レース内のレース」である。2024年の基準は、男子が2時間40分、女子は3時間14分だった（ハーフマラソンの記録で出場資格を得る方法もある）。

　これらの方法で出場資格を得た2つのグループは「サブ・エリート」と呼ばれている。そして彼らには出場権が保証されるだけでなく、一般参加者よりも設備の整った専用の待機場所やエリートランナーのすぐ後ろからスタートできるといった特典も与えられる。何より素晴らしいのは、グッド・フォー・エイジやチャンピオンシップの出場権は誰でも取得できるということだ。必要なタイムを達成すれば、その枠はあなたのものになる。

　しかし、ロンドンマラソンが発表したデータによると、2024年にチャンピオンシップ枠またはグッド・フォー・エイジ枠でスタートラインに立ったランナーのうち、黒人、アジア人、その他の民族的マイノリティの人々は6％にも満たなかった。一方で、2024年のロンドンマラソンの一般参加者のうち、BAME（Black Asian or Minority Ethnic／黒人、アジア人、少数民族）を自認するランナーは14.9％だった。ここでの文脈を理解するために、ロンドンの人口の46％がBAMEであ

ることは指摘しておくべきだろう。そうなると、新たな疑問が湧いてくる——ロンドンマラソンのサブ・エリート部門への応募は、なぜこれほど多様ではないのだろう?

イギリスのあるランナーグループが、この数字に疑問を投げかけ、問題に取り組むことにした。マーカス・ブラウン、アルマナ・ヴァン・キャステレン、メイ・トンプソン、サイモン・フィアロンである。彼らは共同で、イングランド陸上競技連盟に登録されたランニング・クラブ、『1%ランニング・クラブ』を立ち上げている。

クラブとクルーのギャップを埋めること

『1%ランニング・クラブ』のウェブサイトには、ある種のマニフェストが掲載されている。そのテキストはグループのミッションを説明することから始まる——「クラブレベルで長距離レースにおける多様性を高めること」。『1%ランニング・クラブ』はまた、「ラン・クルーと伝統的な陸上クラブの間のギャップを埋め、協力してコラボレーションを促進する」ことを目指すとも書いている。

まず、クラブとクルーを結びつけるというミッションから見てみよう。『1%ランニング・クラブ』の創設者たちが目標について語る際に言及する問題のひとつが、昔ながらのランニング・クラブともっと現代的なラン・クルーが、ランニング界において異なる立ち位置を取るようになった理由である。もちろん、ランニング・クラブとラン・クルーの唯一の定義を見つけるのは難しいが、大まかに言えば、前者はパフォーマンスを重視し、関連する陸上競技団体に所属するクラブである。対してラン・クルーは、ランニングのコミュニティを築き、共通の価値観でつながるための手段と考える、気の合う人々の緩やかなグループである。

確かに、両者の立場は時に対立しているように見える。

「僕はランニング・クラブにも所属したことがあります」とマーカス・ブラウンは言う。「それからラン・クルーにいたことも。2つの間には断絶があるように感じています」。ブラウンは自身の経験から、ラン・クルーは人々に、とりわけ子どもの頃にランニングに触れてこなかった人々に、ランニングというスポーツを紹介する助けになると言う。しかしラン・クルーが素晴らしい活動を行っている一方で、そこには損失もある。ランニング・クルーは伝統的なランニング・クラブに対する、「我々vs彼ら」という考え方を助長してしまうのだ。ランニング・クラブとラン・クルーの間にこうした隔たりができる原因は、多くのクルーが、従来のランニング・クラブが自分には合わないと感じた人たちによってつくられたことにあるのかもしれない。だから彼らは、「自分たちの存在をアピールするための場所」をつくったのだ。それと同時に、誰もが参加できるコミュニティをつくりたいという気持ちは、パフォーマンスによって人々を競わせるネガティブなものとして捉えることにつながりうる。

ブラウンが強調したいのは、コミュニティと競争は両立し得るということだ。「スピード重視であろうと初心者向けであろうと、コミュニティはコミュニティだと思います」。ブラウンは、競争がコミュニティにとって忌むべきものと捉える考えを克服したときに初めて、「現在の数少ないアマチュアランナーだけでなく、より多様なランナーが、より高いレベルで走れるようになる」と信じている。

メイ・トンプソンはイングランド陸上競技連盟のシステムのなかでランナーとして育ち、アメリカの大学のレースシリーズにスカウトされた。『1

%ランニング・クラブ』の誰も、陸上クラブが本質的に人種差別的だと考えているわけではないと彼女ははっきりと言うが——実際のところ、トンプソンの経験は真逆だった——「ラン・クルーが"伝統的なランニング・クラブ"に歓迎されなかったり参加できなかった人々のギャップを埋める必要性から発展してきたのは間違いない」と彼女は考えている。長距離を始めた多くのBAMEの人々が伝統的なランニング・クラブや陸上クラブに入って最初に気づくのはたいてい、自分と同じような人があまりいないことなのだとトンプソンは言う。それでうんざりすることもあるだろう。

ここでのキーワードは「伝統的」という言葉かもしれない。クラブが存在するシステムは、歴史に彩られている。多くのクラブは何十年、あるいは何世紀も前から存在し、それによって当然、彼らは過去の時代の考え方を反映しながらやってきた。「現在のクラブシステムは、その発展の経緯から、特定の背景をもつ人々をサポートするようにつくられているんだと思います」とトンプソンは言う。「確かにラン・クルーは、ランニングを始めたばかりの——あるいはランニングを再開した——ブラックやブラウンの人々が温かく迎えられる場所が必要だということから生まれたものです。そしてラン・クルーは、そのニーズに見事に応えてきました。多くの人は自分自身を、ランニング・クラブ・カルチャーに対抗する存在だとみなしていたし、いまでもそう考えていると思います」

その結果、パフォーマンスへの反発が起こった。ラン・クルーはどんな人でも歓迎することを決意し、場合によっては速く走るのを目標に掲げることを禁止した。これこそが、ブラウンと『1％ランニング・クラブ』のファウンダーたちが目の当たりにし、クラブで取り組みたいと考えるギャップである。「このギャップを埋めることは本当に

大事だと思います」と、アルマナ・ヴァン・キャステレンは言う。「だって、レースのスタートラインや、ただ走っている人たちを見ても、私と同じような見た目だったり、私と同じような背景をもつ女性がいないからです。そしてランニングは、私にたくさんの恩恵を与えてくれました。身体が丈夫になっただけでなく、仕事にも家庭生活にも、友人関係にも良い変化があったのです」。ヴァン・キャステレンはBAMEの女性たちが——あるいはどんな人であっても——彼女の人生に多くの恩恵をもたらしたこのアクティビティに参加できるべきだと考えている。

みんなのためのパフォーマンス志向

ここで『1％ランニング・クラブ』のもうひとつのミッションを考えてみよう。「クラブレベルで長距離レースにおける多様性を高めること」。ここで語られているのはランニング全般ではなく、あくまでレースについてである。ランニングの世界におけるパフォーマンスとは、特定の順位でゴールすることを目指したり、目標完走時間を決めたり、サブ・エリートの出場資格を得たりすることだ。ここで重要なのは、『1％ランニング・クラブ』の4人のファウンダーたちが、パフォーマンス志向をもつのは良いことだと考えていることである。結局のところ、彼ら自身もみなパフォーマンス重視のランナーなのだから。

サイモン・フィアロンは言う。「我々はパフォーマンス志向を広めようとしています」——それはこのグループにとって、目標に向かって懸命に努力する意欲を意味する。フィアロンはさらに、『1％ランニング・クラブ』の創設メンバーはいろんな意味で負けず嫌いで、「何かを達成したい」と思っていて、彼らはグループの一員になること

右上から時計回りに『1％ランニング・クラブ』創設者のサイモン・フィアロン、マーカス・ブラウン、アルマナ・ヴァン・キャステレン、メイ・トンプソン。

で自分のベストを引き出せるようになると知って
いるのだと言う。しかしここでまた、誰もが参加
できるかどうかの問題に戻ってくる。パフォーマ
ンスを重視するということは、従来のランニング・
クラブが非難される理由のひとつ、つまり排他的
だという批判を受けることにはならないだろうか？
「それは私たちもチームで話し合ってきたことで
す」とトンプソンは言う。「パフォーマンスを大
事にしつつも、どうしたら特定の人しか入れない
ような排他的なクラブにならずにいられるでしょ
うか？ 私たちにとって、パフォーマンスとはむ
しろマインドセットのことだと思います。自分を
追い込みたいと思うのは自分自身ですから」。ト
ンプソンは、「一生懸命に頑張る姿勢さえあれば」
誰もがクラブに参加できると続ける。参加者は苦
しい思いもすれば練習中にグループの最後尾につ
くことだってあるかもしれない。しかし、パフォ
ーマンスとは個々人のものだ。グループの全員が、
クラブに参加するのは自分自身を試すためだとい
うことを理解していれば、『1％ランニング・ク
ラブ』は完全に誰にとっても開かれたものになる。

創設メンバーたちは、目標を達成するまでの道
のりが長いことを知っている。もちろんグループ
の誰も、それが簡単だとは思っていない。しかし
彼らは、短い目線で見たときの成功イメージを明
確に思い描いている。「クラブの基準を上げたい
と望むのは、何も間違ったことじゃありません」
と、マーカス・ブラウンは言う。さらに彼は、『1
％ランニング・クラブ』の目標のひとつは、メン
バーがロンドンマラソンのグッド・フォー・エイ
ジ枠かチャンピオンシップ枠で出場資格を得るの
をサポートすることだとも言う。加えて彼らは、
チャンピオンシップの出場資格を得た人に対して、
レース内のレースを走る人には必須となるイング
ランド陸上競技連盟への加盟権を提供することも

目指している（これは通常、ラン・クルーが提供
できるものではない）。そうは言っても、当たり
前だが全員に合ったタイムやペースというものは
ない。どんなペースで走ってもいい。創設者たち
がランナーに望むのは、努力を惜しまないことだ
けだ。

『1％ランニング・クラブ』はまだ始まったばか
りだ。しかし、熱心でやる気に満ちた、パフォー
マンス志向の4人のメンバーがいるいま、ランニ
ング界に新たな声をもたらす準備はできている。
その声は、パフォーマンスとはタイムや完走順位
のことだけじゃない、と教えてくれる。それはマ
インドセットのことなのだと。どんなレベルでラ
ンニングを行っていても、黒人、アジア人、その
他の民族的マイノリティの人たちが、レースとい
うスポーツに参加できる場所がある。そして願わ
くは、遠くない未来にスタートラインを見渡した
ときに、そこにはもっと多様なランナーたちがい
ることだろう。良いことしかないじゃないか。🅛

SIMON FREEMAN（サイモン・フリーマン）

Like The Wind コ・ファウンダー／エディター。彼はいつ
でもランナーだ。◎ @simonbfreeman

NICOLAS RÜBSTECK
（ニコラス・リュブステック）

ロンドン中のランニング・クラブに参加するアマチュア・
フォトグラファー。レンズを通して雰囲気を捉えること
が大好き。◎ @nrubsteck

ラ
ン
・
ク
ル
ー
が
素
晴
ら
し
い
活
動
を
行
っ
て
い
る
一
方
で
、
そ
こ
に
は
損
失
も
あ
る

A TRIAL INDEED

WORDS BY BOB HODGE   PHOTOGRAPHY BY JASON SUAREZ   TRANSLATION BY ASUKA KAWANABE

［経済］オレゴン
——五輪選考会を巡るマネーゲーム

オレゴン州ユージーンのサウスユニバーシティ周辺での11日間が終わった。この数日間、私は新設された巨大なスタジアムでの陸上競技大会のため、この地区を行き来し続けたのだ。このスタジアムは周辺地域を威圧するようにそびえ立っている。かつてこの場所にあった旧ヘイワードフィールドが地域にもっと馴染んでいたことを知っているからこそ、なおさらそう感じるのだろう。

オレゴン大学の伝説的な陸上競技コーチ、ビル・バウワーマンは、自身が愛したトラックとスタンドが消え去ってしまったことをどう思うだろうか。少なくとも、彼の伝記作家であり弟子でもあるケニー・ムーアが、計画段階からこの新施設に反対していたことは確かだ。

ケニー・ムーアの新スタジアムに対する評価は、私が大会での日々に感じていたことと重なる。彼はユージーン市議会で、新しいヘイワードフィールドのデザインを「バウワーマンの人となりと願いを、ひどく無知な形で表現している」と批判した。さらに「彼は自分の名を冠したタワーの高さにうんざりするだろう。まるで陸上競技部が、私たちの誇りである大学より上に立つかのようだ」とも述べている。

新スタジアムでかなりの時間を過ごしたいま、私の心境は複雑だ。確かに多くの最新設備が整っているし、これがあるおかげでアメリカにまともな施設がひとつはあると言えるようになった（他にもそう呼べる可能性のある施設はあるが）。しかし、より重要な問題がある。ヘイワードフィールドは、過去5回も米国オリンピック陸上競技選手権を独占開催してきた。これは果たして、この競技にとって最善のことなのだろうか。

選手権の開催地として、フィラデルフィアの由緒あるフランクリンフィールドという選択肢もある。事実、2024年の選手権でもフランクリンフィールドは重要な役割を果たしていた。若手選手のジェームズ・コリガンは、残された数日でオリンピック出場の標準記録を出すため、フランクリンフィールドで開催された大会に参加した。彼のために特別に、3000m障害のレースが追加されたのだ。結果、彼は自己ベストを叩き出し、パリ五輪の切符を手にした。

ロサンゼルス・コロシアムはどうだろうか。4年後にオリンピックを控えるここで、2028年の選手権を開催してもいいはずだ。このコロシアムには陸上競技の歴史が刻まれている。1925年4月にパーヴォ・ヌルミが出場した大会を皮切りに、これまで2度のオリンピックを含む数々の歴史的な大会が開催されてきた。ヘイワードフィールドの実績など、比較にならないほどだ。しかし、選手権は間違いなくユージーンに戻ってくるだろう。ロサンゼルスオリンピックの組織委員会が、選手

権開催に興味を示していない現状ではなおさらである。

　そもそも、なぜユージーンは自称「トラックタウンUSA」という神話にこだわり続けているのだろうか。少なくとも2023年末から2024年初めにかけて「トラックタウン」の称号はボストンにこそ相応しかった。ボストン大学やハーバード大学の優れた施設、そして2024年のNCAA（全米大学体育協会）選手権の開催地となったニューバランスの素晴らしいトラックがあるからだ。

　結論として、この競技を再び主流に押し上げるには、多くの都市の協力が必要となる。アメリカ陸上競技連盟や世界陸上競技連盟のせいで我々はいまや主流を外れてしまったが、そこから抜け出さなければならない。場所の多様性が必要なのだ。ユージーンがどれほど素晴らしくても、この競技にはもっと開催できる場所が要る。すべての町や都市が「トラックタウン」になるべきだという主張には、十分な根拠があるのだ。これこそ、陸上競技が目指すべきゴールである。

　問題は開催地だけではない。高校や大学レベルで、献身的なコーチたちが基礎作りをしている。私は2024年の選手権でマサチューセッツ州の高校陸上界のレジェンドたちと出会い、彼らから興味深い（colorfulな）話を聞くことができた。彼らは若い選手たちにとってのインスピレーションになるだろう。しかし、メソッドも必要だ。大学卒業後の選手たちを支援する方法や、選手のために働く統括団体による真のプロフェッショナルスポーツにする仕組みが必要だ。一例を挙げよう。アメリカ陸上競技連盟（USATF）の最高経営責任者（CEO）であるマックス・シーゲルは、2021年に380万ドルもの報酬を受け取っていた。驚くべき額だ。2022年の130万ドルという給与でさえ過剰だろう。しかもUSATFは赤字を出している。おまけにシーゲルは今年、5年間の契約延長を手に入れた。確かに彼は2040年までナイキと5億ドルのスポンサーシップ契約を結んでいる。うまくやったということだ。

　『The Sports Examiner』誌はこう報じている。「USATFのCEOであるマックス・シーゲルは、珍しく開催された記者会見のなかで、スポーツへの新たな関心と投資を歓迎し、協力を約束した。すべてのオリンピック選手権をユージーンで開催することへの不満の声は聞いているとしながらも、この施設の専門性の高さを称賛した」と。正気だ

**ヘイワードフィールドは、過去5回も
米国オリンピック陸上競技選手権を独占開催してきた。
これは果たして、この競技にとって最善のことなのだろうか**

ランニング随想　≫　[経済]オレゴン　　　　　　　　085

ろうか？

　他にも信頼に足る開催地の候補はあった。例えば、カリフォルニア州ウォルナットにあるマウントサンアントニオ・カレッジ（通称Mt. SAC）という公立のコミュニティカレッジだ。2017年に2020年の選手権開催権を獲得したが、USATFがその契約を破棄し、後にユージーンに開催権を与えた。不当な扱いだったうえ、他の施設が開催場所に立候補する意欲を間違いなく削いだだろう。

　さらに別の問題もある。選手権の信頼性だ。一般のスポーツファンの多くは、各種目で上位3名が出場権を得るという選考方法が最も公平だと信じている。しかし世界陸上競技連盟の複雑なオリンピック出場資格プロセスは、この考えを形骸化させている。人々が望むほど、その仕組みは単純明快ではないのだ。

　結論はこうだ。オリンピズムは、スポーツと文化、教育、国際協力を融合させた生き方を模索している。そして競技の核心にあるのは多様性だ。それこそが大きな強みであり、絆となる。我々はこれを心に留めておくべきだ。国の富や名声、有名かどうかは関係ない。国はたくさんあるが、惑星はひとつしかない。

　私はいまヘイワードフィールドからちょうど1マイル離れたヘンドリックスパーク近くの宿の裏庭に座り、街とスティーブ・プレフォンテーンとビル・バウワーマンの肖像で飾られたスタジアムタワー（念のため書いておくと、エッフェル塔ではない）を眺めている。時が経てば、古いヘイワードフィールドは人々の記憶から薄れ、この施設も街の風景の一部に溶け込んでいくだろう。それだけは確かだ。🅛

BOB HODGE（ボブ・ホッジ）
元長距離走競技者。現在はフリーライターとして、陸上競技などを取材している。著書に『Tales of the Times：A Runner's Story』がある。www.bobhodge.us

JASON SUAREZ（ジェイソン・スアレス）
フォトグラファー。陸上競技に強い情熱を注ぐ。生まれも育ちもニューヨークだが、現在は日差しの強いロサンゼルスを拠点に活動する。📷 @notafraid2fail

競技の核心にあるのは多様性だ。
それこそが大きな強みであり、絆となる。
我々はこれを心に留めておくべきだ

ULTRA-TRAIL CAPE

WORDS BY SHINSUKE ISOMURA　PHOTOGRAPHY BY SHINSUKE ISOMURA, SAM CLARK, JULIETTE BISSET, Z.ZINN AND F.CORNELIUS

　それぞれがローカルで独自性の高いレースを運営し、トレイルランの土壌をはぐくんできた10のクラシックレースが、互いのカルチャーや価値観を尊重し合うゆるやかな連携のシリーズをスタートさせる。日本のレジェンドランナー鏑木毅は、そこに大きな共感を抱いた。60歳までの5年間で、「ワールド・トレイル・メジャーズ」全10戦を走破する──。その第一歩として選んだウルトラトレイル・ケープタウンは、トレイルを走り始めてもう

30年にもなるのに、沢山の新しい発見に溢れていた。

────────

　「南アフリカと聞いて、渡航前は周囲から『治安は大丈夫？』と心配されていたのですが、個人的にはそこまで不安視していませんでした。経済やライフスタイルがある程度成熟していないと、トレイルランが盛んにはならないと思っていたので。一方で、いざ着陸

してどんな景色が、空気感が待っているのか、ここまで予想のつかない場所も初めてでした。だからこそ、10カ国のなかでも今の自分が追求したいテーマに最も合致する地なのかなという期待もあって」

　世界最高峰のウルトラトレイル「UTMB」で表彰台に上っていた頃は、40代に差し掛かった鏑木にとっての全盛期だった。結果を出し、実績を残し、今日までの活動を支える強固な礎も得た。

　「でも当時は、自分のために走ってい

汲んであげるからボトルを貸して／サンキュー／ここは凄くいいコースなんだよ、日本にも広めてくれよ

TOWN

るという感覚がなかった気がするんです」

　日本のトレイルラン第一人者として途轍もなく大きなものを背負い、そのプレッシャーは心を燃やす熱源になったが、同時に枷にもなっていた。誰かのために走る──その重荷を降ろして、自分の心の向くままに。いちトレイルランナーに戻って。

　大会全体で3000人弱を集める一大イベントで、鏑木が参加したのは2022年からスタートした100マイル

カテゴリー。メインレースの100kmや、他カテゴリーはすべてkmという単位を使っているなか、あえて100マイルと表記しているあたり、言わずもがな期待が高まる。10年前にこの大会を立ち上げた1人、ディレクターのスチュアート・マコナキーは、自身もいちトレイルランナーとしてヨーロッパや米国のウルトラトレイルを駆け抜けてきた。

「静かな情熱を内に宿している、何かを創り上げることのできる人なんだろ

うなという佇まいでした。南アフリカのトレイルランナーといえば世界的に知られるライアン・サンデスの名前しか浮かばない状況でしたが、欧米から地理的には隔絶されている場所にあって、コミュニティがしっかり発展しているのだなとも感じさせられました。100マイルは息を呑む絶景と、南アフリカの珍しい固有植物に囲まれた素晴らしいルートですが、難易度の高い岩場も通過します。だからレベルも高いですし、コース上では多様な肌の色の

地元の人がめいめいに応援をしてくれて、まっすぐなリスペクトがまた心地よかった。熱狂的スポーツになっているヨーロッパや、コミュニティのたぎるような親密さを感じさせる米国、もちろんアジアや南米ともまた違った、どこか温かい、寄り添うような雰囲気が漂っていて」

レースの核心部とも言える、120km地点から先の山岳パートで邂逅した4人組の現地ランナーは、ひときわ強い印象を残した。

「100マイルカテゴリーのランナーが車座になって座っていたんです。グループのうちひとりが黒人で、彼の体調が悪くなっていたのか、皆が励ましながら進んでいる様子で。同じトレランチームの面々だったのかな？ アップダウンが多いうえに足場が悪く、手を使った3点支持が必要な断崖があったりする危険な区間なので、行きがかり上彼らと一緒に進むことになりました。

UTMBで高みを目指していたころは、追い抜く際に一言、二言を交わして、パスするだけ。誰かと一緒に進むなんてことはありませんでした。今回も決してラクに進みたいというわけではないのですが、その方が得策に思えたんです。

どこの国から？／南アフリカ、地元だよ／このセクションは難しいんだよね／山場なんだよ／日本から来たの？／なんでまた、そんな遠い場所から？／ウルトラ・トレイル・ワールドメジャーズを走りに来たんだよ／ああー、／Mt.FUJI 100って大会、知ってる？／うーん、ちょっと分からないなぁ／実は僕、オーガナイザーをしていてさ／マジか！／さっきキミたちに会うまでにさ、どうにもサースティでたまらなくなって／ああ、ツラいよね／水溜まりを見つけて水を汲んだんだ／え、その水って大丈夫？／確か、この先に水

場があった気がするな

……そんな会話をしながらともに難所を進んでいると、本当に水の湧いている場所に辿り着いたんです。

汲んであげるからボトルを貸して／サンキュー／ここは凄くいいコースなんだよ、日本にも広めてくれよ／もちろん／水を飲んだら元気になったよ／追いつかれるかもしれないけど、ちょっとだけペースを上げてみるよ

彼らと別れてから夜が更けていったのですが、エイドまで何度も偽ピークがあって、踏ん張りどころが分からず疲労困憊になって進んでいました。そのセクションの最後の下りパートで、突然背後からガサガサッと音がして。4人パーティだったうちの2人が現れて、追い抜きざまに『こんな遠いところまで来たんだから、絶対に完走するんだぞ』と声を掛けてくれました」

鏑木の目指す先は、かつての抜く、抜かれるだけの世界観でなく、確かな変化が生じている。それは、年齢を重ねたから今度は年代別で表彰台を狙うといった「速さ」「強さ」の延長線上にある価値観ではない。

「体力の限界を迎えながらプッシュするというところは変わっていないので、キツいことはキツいんです。でも、遠い日本から参加するいちトレイルランナーになって感じる参加者同士の連帯感、それがレースという装置の醍醐味のひとつではないでしょうか。屈強な猛者ばかりですが、ほとんどの人がシリアスではなく、気さくに話しかけてくれ、いっときの親密な関係を築けるんです」

彼ら、彼女らは何を目指して100マイルを走っているんだろう。分かるところもあれば、分からないところもある。

「それを感じる手段としてのウルトラ

トレイルなのかもしれないですね。同じコースを皆で乗り越える一体感。そこには勝者も敗者もなくって、まるで100マイルのおとぎ話のような。

陽が沈む直前のトレイルが好きなんです。ごくわずかな時間だけ、周囲がぶわっと強烈に照らされ、それから闇夜に包まれる。

今は56歳、100マイルに耐えられる時間はもうそんなに長く残されていないのかも、このトレイルはもう2度と辿ることはないのだろうなどと思いながら走ると、センチメンタルな気分になります。日常とはかけ離れた、知らないことだらけの場所に身を置くことの豊かさは得難いものです。その経験は動画を通じて目にするのとは、もう、全然違う。お金と時間をかけ、色んなものを犠牲にする価値があるんじゃないかな。

もちろんアスリートとして努力もしていて、春にMt.FUJI 100を走ったときは『オレの体力、大丈夫なのか』と感じたりもしました。でも今は目標が明確にありますし、これまでと違うアプローチのトレーニングの手応えがあって。還暦までの残り8レースも楽しめそうな気がしてきました」 🄻

SHINSUKE ISOMURA
（礒村真介）

編集ライター。雑誌やブランドの媒体を手掛ける傍ら、山好きとしてトレイルを縦横無尽に駆け回っている。ランボーイズ！ランガールズ！トレイルランニングクラブのコーチとしての顔も。近年はアジアのウルトラトレイル界のレジェンドである鏑木毅のレースサポートも行っており、UTMBやグランドレイド・レュニオン、パタゴニアのレースなどに同行しながら、そのストーリーを追いかけている。
◎@dmj006

ホルスト・ミルデ。ヒルマー・シュムント撮影

CAKE AND MEDALS

[歴史] ベルリンマラソンは総合芸術作品

WORDS BY HILMAR SCHMUNDT   PHOTOGRAPHY PROVIDED BY HORST MILDE   TRANSLATION BY TAKAFUMI KONDO

"THE BERLIN MARATHON IS A TOTAL WORK OF ART"

「ベルリンマラソンは総合芸術作品なのです」

ホルスト・ミルデは50年前にベルリンマラソンを創設し、30年にわたって運営していた。ここではパティシエという本業と、ランニングとパティスリーでの成功のレシピについて語る。そして、うつ病と心臓発作の苦しみ——ランニングのおかげでいかに立ち直ることができたのかを。

————————————

走り続ける秘訣

——ミルデさん、あなたは50年前に第1回ベルリンマラソンを開催しました。ご自身は何回出場されたのでしょう？

一度もありませんよ！　運営は仕事が多すぎるんです。こういったイベントのあと、われわれオーガナイザーは毎回、疲れ切っていました。競技に出場するよりずっと疲れ果てるのです。でも、ほかのマラソンは走りましたよ。8回です。ロンドン、ウィーン、ストックホルム、コペンハーゲン、ニューヨークで2回、ボストンで1回、ホノルルで1回。

——あなたは実はパティシエ（独Konditormeister）でいらっしゃる。ご夫妻で1998年までベーカリー＆パティスリーの〈ミルデ〉を経営されていました。それこそ**燃え尽き症候群**のレシピだったのでは？

ときどき自問自答するんです。どこからエネルギーが湧いてきたのか自分でもわからない。マラソンの計画立案の多くは、結局ベーカリーのオフィスでおこないました。私はいつも、とくに自分が世話役になった国際的なマラソン大会では、パティシエのように企画に取り組みました。パティシエは目で盗む。修業時代にそう学んだのです。理由はシンプルで、誰もケーキのレシピで特許は取れないから。だから私は単純に、ベーカリーでもマラソンでも、気に入ったアイデアをたくさんまねしたのです。

——例を挙げていただけますか？

私がまねをしたアイデアは、レース前夜のパスタパーティ、1981年の車椅子の部、1984年の朝食ラン、1989年の学校対抗ミニマラソン……それと道路上の青いラインも、記録を更新したい人にとって最適な走行ラインを示すものとして1990年に導入しました。そして1985年からは宗派を超えたマラソン礼拝も、自身マラソンに出場する聖職者が執りおこなっています。第1回の説教では、聴衆から盛大な拍手がわき起こりましたよ。礼拝は大会前夜に、第二次世界大戦を後世に伝える名所、カイザー・ヴィルヘルム記念教会でおこなわれます。この礼拝はいまなお、すべての付随行事のなかでもハイライトのひとつです。

——サイドイベントはほかにどんなものがありますか？

私たちはつねに新しいことに挑戦して、実践しながら学んでいました。一度、プレスリリースでバルコニーから鍋やフライパンを叩くよう呼びかけたら、みなさん喜

1965年、レースに出場するホルスト・ミルデ（ゼッケン2）

んで熱心に応じてくれましたね。別の年には、沿道にある8つの教会に手紙を書きました。「マラソンランナーのためにそちらのブラスバンド（Posaunenchor）に演奏していただけたら、すばらしいことではありませんか？」と。すると実現したのです。それから、ギュンター・ヘルブルガーやアヒム・アヒレスといった著名なドイツ人作家の朗読による文学マラソンも企画しました。ときには舞台パフォーマンスも織り交ぜて。私にとって、ベルリンマラソンはGesamtkunstwerk、総合芸術作品なのです。

――「総合芸術作品」とは、作曲家のリヒャルト・ワーグナーが言ったような意味で？ 視覚、演劇、音楽のパフォーマンスをオペラ体験に統合する包括的な芸術作品でしょうか？

いや、むしろ五感を楽しませるものといった意味ですね。そして、誰もがこの祝祭に招待されるのです。ベルリン市民は知っている、マラソンはわれわれのパーティ、われわれみんなのものなのだと！ この街にはおかしな観客が相当たくさんいるのです。たとえば、ベルリン南西部のシュテーグリッツ地区には、盗んだマラソンの標識で全体を飾ったバルコニーがある。この熱狂が、世界じゅうから集まったアスリートとその家族をこの地でくつろがせる決定的な役割を果たしているのです。

――どうしてひとりのパティシエがベルリンマラソンのアイデアを思いついたのでしょうか？

そうですね、当時はベルリンの自由大学（FU）でMBA（経営学修士号：Diplomkaufmann）を取得するために勉強していました。800メートルのベストタイムは

1分49秒8でした。1964年の1月に、われわれ中距離ランナーのチームはいくつか国外のクロスカントリーレースに招待されましてね。そのうちのひとつが、フランスのル・マンでのレースでした。みんなでほかの選手たちの家に泊まって、私は歯科医の家族に世話になりました。昼食にカタツムリが出されて、胸が悪くなりそうでしたが、失礼にならないように少し食べてみましたよ。

つまり、こういうことです。そのときのランがすばらしかったから、ベルリンでも同じようなことをしようと決めたと。1964年11月、われわれ自由大学の学生何人かで、第1回ベルリン・クロスカントリー・ランを企画しました。会場はグリューネヴァルトにある山、トイフェルスベルク、つまり"悪魔の山"です。正確には、巨大な森に覆われた山で、第二次世界大戦の瓦礫でできているのですが。

──そのランはどんなものだったのでしょうか、マラソンのミニチュア版のような感じだったのでしょうか?

いや、ぜんぜん別のものでした。何もかも即席でつくらなければならなかったのです。スタート地点はタイフェルスベルクの旧トボガン滑走場のふもとでした。受付には、ふだん壁紙貼りに使うような折りたたみテーブルを数台置いただけで、後方支援という点ではそれがすべてでしたね。レースコースは森のなかを通っていて、そこに生息するイノシシが土を引っかいて荒らしまくるから、足を取られないよう気をつけなくてはなりませんでした。沼や湿地もあって、注意しないと、はまって動けなくなったりシューズをなくしたりすることもありましたよ。ほかにも砂や砂利の上を走る箇所がありました。その途中で倒木を飛び越えたり、よじ登ったりしなければならなかったし。

──当時、ランニングはまだニッチな趣味でしたが、どうやって人気スポーツに育て上げたのですか?

ベルリンにはランニング・イベントの長い伝統がありました。100年以上前のカイザー帝政時代にも、ポツダム‐ベルリン間リレーなど人気が高いレースがあったのです。ただ、初めのうちは排他的な、エリートの大会で、出場できるのはだいたい70人とか80人程度でした──当時はスポーツクラブの正式会員でなければレースに登録できませんでしたから。それに対して、われわれはクラブに所属していない人も含め、誰でもレースに参加できるようにしたのです。これが大きな反響を呼びま

した。いきなり以前の10倍、750人以上の登録があったのです。一大センセーションですよ。われわれはこの成功に有頂天になった。750人のランナーとは!

──ところが、ファンラン、ピープルズ・ラン（Volkslauf）、ピープルズ・ハイク（Volkswandern）など、さまざまなレースを展開すると、登録者数はふたたび300人を下回りました。

そう、マラソンの距離は、スポーツクラブに所属していない人たちには、まだ異例なものだと思われていました。われわれはそれを変えたかった。そこで1974年の第1回ベルリンマラソンを"ベルリン市民マラソン（Berliner Volksmarathon）"と銘打ち、事実を明確にアピールしたのです。誰もが歓迎されますと!

──どうしてあなたのようなひとりのパティシエが、余暇を使ってスポーツマーケティングのイノベーションに満ちたビュッフェを運営できたのでしょうか?

われわれは即席でいろいろやりましたから。スターティングラインは簡単に道路にチョークで手描きしました。フィニッシュで温かいスープを出したなんて、想像できますか? われわれはスポーツ生理学も燃料補給戦略も、レース中に身体が何を必要とするのかも、まったく知らなかったのです。1年目の参加者は286人で、完走者は244人にとどまりました。でもそれだけの完走者が出たことは、当時としては大成功でしたよ!

──ドイツ最大のマラソン大会への道のりで、次のマイルストーンとなったのは何でしたか?

われわれが大きく躍進したのは1981年、ついに初めて市街地を走るマラソンが許可されたときでした。当初、ベルリン警察は厳格に反対していました。紋切り型の反応はいつもどおり、道路は車のものであって、ランナーは交通の邪魔にしかならない!と。それでも1981年、分断されたベルリンの一部を管轄していたフランス軍政が、"25km de Berlin"、通称Franzosenlaufという25キロ走を企画しました。当時、ベルリンはまだ連合国の特殊な占領下にあって、フランスが街の北西部を支配していたのです。だから、さりげなく言いたいのですが、フランスが道の真ん中に戦車を停めて防壁にすると決めたのなら、いったい誰が異論を挟めるでしょう? とにかく、この大会のことを聞きつけた私は、警察に手紙を書いて要求しました。「フランス人がこんなことをやっていいのなら、私も街の中心部を走りたい!」

——それで説得できたのですか？

いいえ、警察は当初、拒否してきました。私のことを頭がおかしいと思ったのです。そこで私はベルリンの警察署長に言ってやりました。「スウェーデンまで同行してください。ストックホルムに行って、市街地を走るマラソンがどういうやり方でおこなわれているのか見てみましょう」。それで警察官がひとりやってきて、いっしょに現地視察に向かったのです。翌日、私たちはストックホルム警察と面談し、運営上の内部事情を聞き出そうとしました。ベルリンの警察官は彼らに、"マラソンのために週末に働かなければならないことをどう思いますか？"と尋ねました。するとスウェーデンの警察官たちは、"マラソンのある日曜日の任務は進んで引き受ける。お気に入りのシフトですよ、その日はみんな友好的に接してくれるから！"と答えたのです。そうやって直接体験した彼らに大いに助けられました。ストックホルムには大きな借りがある。言ったとおり、われわれパティシエは目で盗むのです。

——ではストックホルムへの旅がベルリンマラソンへの道を切り開いたわけですね。

そこまではまだ。ベルリンにいる米国の最高官僚との会食が必要でした。のちに駐ドイツ大使となったジョン・コーンブラムです。問題は解決するためにあるという信念の持ち主でした。彼がマラソンのキャンペーンに乗り出すと、突然、事態が動きだしたのです。1981年9月27日、ライヒスターク議会堂——1933年に炎上した旧ドイツ国会議事堂——をスタート地点にできたのはその日が初めてです。ただ初めは何でもそうですが、われわれの運営にはまだいくつか問題がありました。ひとつ挙げるとすれば、ライヒスタークを訪れる観光客には、男子トイレが丸見えだったことです。いやはや。それでも、この大会は大成功をおさめました。スタート地点に集まったランナーは3,486人、当時の西ドイツとしては記録的な数字でした。

——ベルリンは世界最速のマラソンとされ、1974年以降、13の世界記録が出ています。秘伝のソースは何でしょう——ずばり、コースが平坦で速いことですか？

いいえ、当初はフランクフルト・マラソンのほうがベルリンよりも重要で、規模も大きくなるだろうと思われていました。業界紙でフランクフルトがドイツのマラソンの中心地として有望視されていたのは、ひとつにはベ

ルリンがはるか遠方の、国の東部にあったからです。しかし、レース当日のベルリンの雰囲気がいかにすばらしいかが、徐々に知られるようになりました。それがトップアスリートを惹きつけるのに役立っているのです。

——その雰囲気を実現するためのレシピはどんなものでした？

われわれはマラソンを盛大なストリートパーティ（Volksfest）に変えたのです。とくに、1990年に初めてブランデンブルク門を西から東へ往復することが許されたあとは。あれは世界的なスポーツイベントで、いまでも思い出すとぞくぞくしますよ。約25,000人のアスリートが資本主義の西ベルリンから共産主義の東ベルリンまで走って往復したわけです。前日の夕方、私は東の人民警察と交渉して、安全上の理由からルートの左右両側にある車をレッカー移動してもらうことにしました。人民警察はそれをレース前の真夜中に、事前にアナウンスもせずに実施すると決定しました。おぼえておいてほしいのは、そのマラソンがふたつの国の境界を越えるものだったことです。これはドイツ再統一の3日前のことでしたから。だから共産主義側の国境警備隊の考えでは、ランナーたちは東ベルリンを走るためだけに正式な入国スタンプを押される必要があったのです！　でも、われわれはそんな状況にも対処したわけです。

——それはパティシエの技をさらに駆使して、うまく処理したということですか？

もちろん。パティシエという職業が開いてくれた扉の数といったら！　当局との厄介な会議に臨まないといけないときはいつも、どんな取引条件も甘くしてくれるケーキを持参し、ムードを変えました。その場にいる全員がたちまちリラックスし、合意に達するのがずっと簡単になったものです。もうひとつ例を挙げると、大晦日のレースはドーナツ・ラン（Pfannkuchenlauf）という愛称で呼ばれるようになりました。完走者はメダルだけでなく、ドーナツももらえたのです。うちのベーカリーにとっては困ったタイミングでしたね、大晦日はどの菓子店でも1年で最大の書き入れ時ですから。

——ランナーの数が増えれば増えるほど、メインの出場者層の平均速度は遅くなりますが、するとエリートの大会という魅力が陰ってしまうのでは？

いいえ、われわれはどちらも提供していますから。世界記録だけでなく、誰もが楽しめるファンランも。しば

父は私にパンとケーキへの愛だけでなく、スポーツと音楽への愛も教えてくれた

800mレースでフィニッシュするミルデ、1964年

らくフィニッシュラインのそばにいるだけで、ご覧になれますよ。4、5時間後に到着する遅いアマチュアランナーたち、その苦しみ、疲労困憊の様子、そしてブランデンブルク門のフィニッシュラインを通過するときの、われを忘れて喜ぶ姿。それを見たら、こらえることはできないはずです、あなたの目にあふれてくる涙を！

——いまでも自分で走っていますか？

ええ、1日おきに走るようにしています。4つの公園と、菜園をひとつ駆け抜ける。コースはいつも1時間以内で

走るようにしています。速いペースでウォーキングする人を追い越すのに苦労することもある。やりおおせるときもあれば、そうでないときもある。それでも私はあきらめない。なぜなら、私は人生のため、少なくとも健康のために走っているからです。2004年に心臓発作を起こしまして。

——待ってください、ようやく物事が落ち着いてきたころに心臓発作を起こしたと？ ベルリンマラソンの運営を引き継いだまさにその年、30年をへて65歳で引退し

第1回ベルリンマラソンの報道用画像

たときに？

業務を引き継ぐときのストレスとか、いろんな厄介事のせいかもしれませんが、どうでしょうね。ジョギングをしていたら、突然痛みが走ったのです。消防隊に病院に運ばれました。救急処置室で心電図をとられ、再度心電図をとられた。そのあと気を失って、目を覚ますとこう言われました。「ミルデさん、心臓発作ですよ！」。すぐにシャツを引き裂かれ、靴を脱がされた。数分のうちに心臓手術がはじまり、3本のステントが挿入されました。数日後、私はまた病院の階段ホールでエクササイズに励み、体調を戻すために階段を駆け上がったり駆け下りたりしていました。

——その6年前、あなたはすでに大変な時期をすごしていた。1998年に、3代にわたって経営してきたベーカリーを売却したころです。

そう、あれは暗黒の時代でした。ベルリンのいたるところに低価格の大型チェーン系ベーカリーが出現して、小さな職人かたぎの菓子店はなかなか生き残れなかった。私は半年間、うつに沈んでいました。夜も眠れず、深く落ち込んで、抗鬱剤を飲まなければなりませんでした。しかし、主治医にこう言われたのが転機になりました。

ランニングをするといい、そうすれば気がまぎれますよ！そして彼の言うとおり、ランニングが効いたのです。それと音楽も。

——音楽？

クラシック音楽を愛しているのです。つい最近もベルリン・フィルハーモニーの公演に行ってきました。演目はアントン・ブルックナーの交響曲第6番と、現代作曲家のイェルク・ヴィットマンの作品です。指揮者はサー・サイモン・ラトルで、いまはすっかり白髪になっていました。

——サー・サイモン・ラトルはマラソンを通じた個人的なお知り合いですよね？

ええ、彼は2003年にクラウス・ヴォヴェライト市長とともにスタートダッシュを見せてくれました。私にとって、音楽とマラソンはひとつのものです。代表的な例としては、1990年のスタートラインでクラシック音楽を流していますね。ベートーヴェンの〈歓喜の歌〉です。父は私にパンとケーキへの愛だけでなく、スポーツと音楽への愛も教えてくれたのです。忘れもしない、10代のころ、父といっしょティタニア・パラストに座り、ドイツの名指揮者カール・ベームが指揮を執るベルリン・フィルハーモニック・オーケストラに耳を傾けました。1954年、いまから70年前のことです。その思い出は生涯、離れることがない。あの幸福感、それが私にとってのベルリンマラソンそのものなのです。「歓喜よ、汝の女神よ、不滅の美しき女神よ／エリュシオンの子孫よ／歓喜に狂い、汝の聖なる泉の入口へ我らは来たる……」

——ベルリンで50回目のスタートの号砲が鳴らされる9月29日日曜日、あなたは何をしているでしょうか？

49年間そうしてきたように、スタート地点とフィニッシュラインに立ちますよ——観戦して、応援して、祝福して、写真を撮るのです。 **Ⓛ**

———————

HILMAR SCHMUNDT（ヒルマー・シュムント）

ランナー、文筆家。ベルリン在住（アルプスに出かけていないときは）Ⓞ @hilmarschmundt Ⓧ @schmundt

UP THE STAIRS AND ACROSS THE FINISH LINE

WORDS BY CHARLES MOORE   ILLUSTRATION BY SARAH MARI SHABOYAN   TRANSLATION BY YUTO MIYAMOTO

［都市］フィラデルフィアマラソン

私が他の黒人ランナーとすれ違ったとき、
我々は短い、無言の会釈を通じて互いに挨拶を交わした

「マラソン・ブルー」という言葉は聞いたことがあった。エンドルフィンでハイになって走り続けようとしているランナーに突然襲いかかる、強烈なクラッシュのことだ。だが、まさか自分がなるとは思ってもみなかった。

2016年11月、私は初めてのマラソンとなるニューヨーク・シティ・マラソンを完走した。フィラデルフィア・マラソンは当初のトレーニングプランには含まれておらず、ニューヨークで失敗した場合の保険レースというくらいの位置付けにしていた。しかし、ニューヨークを走った翌日、自分がフィラデルフィアに惹かれていることに気づいた。車で行くなら南に少しドライブすればいいだけだ。2時間もかからない。

あの興奮、あの期待感——プロのスポーツ選手が引退するかどうかで悩むのも無理はない。毎年300万人もの観客がニューヨーク・シティ・マラソンのコース沿いに並ぶのも納得だ。自己ベストタイムや初完走といったことを超えた、特別な何かがそこにはある。

当初はそこまで考えていなかったフィラデルフィアに、急遽、私の関心が向かうことになった。

もちろん、走ることについて考えるとき、私は歓声やスリルだけについて考えるわけじゃない。この国では何事にも歴史が埋め込まれているように、ランニングにも歴史が埋め込まれている。例えば私は、セーウム州立大学の教授で、ボストン・マラソンなどのイベントにおける多様性、公平性、包括性を推進するために生まれたボストン陸上競技連盟のグループ「ボストン・ランニング・コラボラティブ」のメンバーでもある、ティファニー・シェノルトのような人々について考える。それからまた、『ニューヨーク・ロード・ランナーズ』のファウンダーで黒人たちのランニングの歴史を率いてきたテッド・コービットもいる。

全米のランニング・クラブに差別や不平等が根強く残っているにもかかわらず、ニューヨーク・シティ・マラソンには疑う余地のない黒人のレガシーがある。このレガシーは1世紀以上も前から存在し、黒人たちが成功する物語と排除される物語が同時に生まれてきた。現在、『ニューヨーク・ロード・ランナーズ』を含むいくつかの主要なランニング・クラブが、このスポーツの行き先を変えるべく頑張っている。『ニューヨーク・ロード・ランナーズ』の現在のミッションを見ればそのことがよくわかる。「ランニングを通じて人々をサポートし、勇気を与えること。私たちは、より多様で、公平で、誰もが参加でき、社会的責任を果たせるようなNYRRとなるべく、努力を続けています——私たちのチームのために、私たちのコミュニティのために、そして私たちが愛するランニングというスポーツのために」

フィラデルフィアでは、コースが「ネイバーフッドの街」を縫うように走るため、ランナーたちは互いの顔を見ることになる。ニューヨーク・シティではこうしたことはあまり起こらない。私が他の黒人ランナーとすれ違ったとき、我々は短い、無言の会釈を通じて互いに挨拶を交わした。私にとって、何もこれは目新しいことじゃない。大勢の人がその空間にいるにもかかわらず、黒人が数人しかいないような経験は何度もしてきた。長年情熱を傾けてきたオペラやバレエから、現在の職場——ニューヨークはハーバード・クラブのチャールズ・リバー・ルーム——に至るまで、これらの場所に多様性が欠けていることを私は見て取ることができた。マラソンコースも同じだと思う。エリートが集まる教室やミシュランの星付きレストランと同じように。

走っている間に会釈をした経験はとても意味深いもので、私の心に残ることになった。レースが終わったあとも、そのことが頭から離れなかった。そこには何かが、追究すべき何かがあり、私はそれが何なのかを突き止めようと思った。2013年の『ガーディアン』の記事のなかに、「黒人はマラソンを走らない」という一節がある。それを見てすぐに、私は探究すべき自分のテーマを見つけたと思った。歴史、社会、そして私自身のアイデンティティを理解するために、どこまでも夢中になって追いかけ回せるようなテーマである。

このリサーチが最初に導いてくれた場所は、もちろんボストンだった。

もうひとつの心臓破りの丘

　妻と最初にデートをしたとき、私は冗談で、これからも一緒にいたいならレッドソックスのキャップを捨てないとね、と言った。本気で言ったわけではなかったが、それから何年も経ったいまでも、ボストンが私にとってここまで重要な街であり続けているのには驚かされる。なんといっても、その名を冠したマラソンがあるのだから。

　ボストン・マラソンの人気が年々高まるにつれて、ナイキはランニングを使ったマーケティングを行い、シューズを販売しようとした。売り文句はシンプルだ──ジョギングは心身の健康に良く、他の多くのスポーツと違ってケガのリスクがなく誰もが楽しめる。走るためには──あるいは、より良く走るためには──最新のシューズを購入し、走るのに適した安全で快適なネイバーフッドに住めばいい。

　そこで最初の問題に突き当たる。ナイキが、自社のシューズを買うのは中産階級の白人しかいないと考えていたことだ。それに加えて、黒人が白人ランナーと同じような中産・上流階級のエリアに住んでいたとしても、白人と同じレベルの安全を期待することはできない。ジョージア州でランニング中に殺害されたアマド・オーブリーがいい例だ──これは1970年でも1990年でもなく、2020年の出来事である。ランニングを行うことができたはずの多くの黒人たちが走らなかった理由は想像に容易い。

　とはいえ、こうした命に関わる脅威でさえ、問題のほんの一部でしかない。黒人に、マラソンに参加するのを思いとどまらせる要因はたくさんある。マラソンを走るには、お金だけでなく時間も必要だ。だからこのスポーツは、金持ちや特権階級以外の人たちには手の届かないものとなっている。どんなに速く走っても、マラソンを完走するには3時間かかる。毎週のトレーニングに10時間以上かかることは言わずもがな、ランニングにそこまでの時間を費やせる人はほとんどいない。マルセル・プルーストが求めた「失われた時」を、永遠に探し求めることになる。

　他にも、栄養価の高い食品、スポーツサプリメント、新しいシューズ、筋肉を正しい形に保つテーピングの値段など、挙げればきりがない。何をするにもお金がかかるわけだから、お金に余裕がなければ、自分にはランニングはできないという結論に至るだろう。つい最近まで、黒人コミュニティの間では、人生の成功には健康が欠かせないとは思われてこなかった。健康は、高級なミネラルウォーターを飲める人だけが享受できる贅沢品だと考えられていたのだ。

　それから文化的な要因もある。「Stuff White People Like（白人が好きなもの）」という有名なブログのリストでは、マラソンがトップ30に入っている。ある黒人男性が、デトロイトやシカゴ、ボルチモアの友だちにマラソンのためにトレーニングをしていると言えば、「そんな白人がやることはやめとけよ」と言われるのがオチだろう。どんなマラソンランナーも言うように、12マイル、15マイル、22マイル地点でバテているときに、それ以上にやる気を削ぐものを受け入れる余裕などない。

　レース会場に入って、周りが白人ばかりで不安になることだってあるだろう。そんな環境で居心地が悪くなり、ゼッケンを受け取ってそそくさと出口へ向かう黒人を誰が責めることができるだろう？　それらはすべて「白人がやること」だからだ──少なくとも歴史的には。

　私の黒人の友人は誰も、（まだ）マラソンを走ったことがない。つまり彼らは、白人の友人ならわかる私のトレーニングへの情熱を理解することができない。私の白人の友人には、マラソンを走った、あるいは走ろうとした人がいて、だから彼らはなぜ私が走るのかを理解することができる。

　こうした状況には不満が募るばかりだ。このフラストレーションは私にとって何を意味するのだろう？　私の経験にとって何を意味するのだろう？

つながりが元気をくれる

　『Black Men Run』は、黒人コミュニティのなかでランニングというスポーツを普及させることに努めるグループだ。彼らのミッションは、「ランニング／ジョギングのカルチ

黒人に、マラソンに参加するのを思いとどまらせる 要因はたくさんある

ャーを広げることでアフリカ系アメリカ人男性の健康とウェルネスを促進し、『健全な仲間意識』を育むこと」。つまるところ、それこそが私がランニングから得たものであり、私は『Black Men Run』が行っていることの価値をすぐに理解した。

フィラデルフィア・マラソンを走ったすぐあと、2013年のボストン・マラソン爆破事件についてのドキュメンタリーを観た。このテロの悲劇はしばらくの間、私の心に残った。そしてあの日、私はもうひとつの悲劇があったことに気づいていた。ボストン・マラソンの沿道にいたのは、ボストンの多くの場所がそうであるように白人ばかりだったのだ。観衆は、どこもかしこも白人ばかりだった。ドキュメンタリーを観終わる頃には私は涙を流していたが（私は肌の色に関係なくすべての人類を愛している）、差別の歴史もまた私の頭から離れなかった。

そのすぐあと、私は自らの足でボストン・マラソンを走ることを決めた。それは近代オリンピックと同時期に始まった世界で最も名高いマラソンであり、最低条件のタイムリミットや多額の慈善寄付を必要とする、最も出場するのが難しい大会でもある。このレースを走ることができれば、人々に夢を与えられると思った。黒人男性としてこのレースを走れば、ロールモデルになることができる――（とりわけ）デトロイトやシカゴ、ボルチモアの黒人たちに、自分にも同じことができると示すことになる。

いちばんいいやり方は何だろう？　私は12カ月で12のマラソンを走ること――それか世界6大マラソンのすべてに出ることを考えた。しかしボストン・マラソンの登録ページを開いたら、私が出場枠を得るのは不可能に思えてきた。あちこちに電話をかけたが無駄に終わった。出場希望者に対して枠が少なすぎるため、ボストン・マラソンを走るのは狭き門なのだ。

私の願いを聞いてくれるコネのある人物に出会えたのは、本当に偶然だった。彼はマサチューセッツ州ロックスベリーの人物で、私が自分の経験やドキュメンタリーを観たこと、そして達成したいことについて話すと、それを丁寧に聞いてくれた。そして彼は、願ってもないことをしてくれた。自らの出場枠を私にくれたのだ。慈善寄付として1万ドルを集める必要はあったが、私はボストン・マラソンに出場する道を見つけたのである。

ランニングのアパレルブランドを運営することでさらに多くの支援が得られることを知るずっと前から、私はマラソンコースの上で同胞たちとの静かなつながりを感じていた。あの会釈、「Brotherly Love の町」と呼ばれるフィラデルフィアで見たあの会釈は、それからのすべてのレースを走るときにも私の心に残っていた。2017年のボストン・マラソンを走ることを決意した私には、あの会釈が意味すること――団結、一体感、前進――がわかっていた。そして私のランニングの旅において、次にどこであの会釈に出会ったとしても、それが私の足を動かし続けてくれるということも。🄻

（ちなみに、2017年までに私はさらに11のマラソンを完走し、ワールドメジャーも5つ完走した。2020年3月の東京マラソンを走る予定だったが……パンデミックが計画を変えてしまった。）

CHARLES MOORE（チャールズ・ムーア）

ニューヨーク在住の作家であり、コロンビア大学の博士課程に在籍している。著書に『The Black Market』（2020 年）、『The Brilliance of the Color Black』（2021年）があるほか、近刊に『Black People Don't Run Marathons』がある。📷@champagneandvitamins 𝕏 @csmoore23　www.charlessmoore.com

SARAH MARI SHABOYAN（サラ・マリ・シャボヤン）

アルメニア出身のイラストレーターでアーティスト。現在はイタリア在住。📷@smshaboyan　www.smshaboyan.com

THE PLASTIC POPULATION

［環境］プラスチックの時代

WORDS BY SIMON FREEMAN ILLUSTRATION BY KATE SUTTON TRANSLATION BY YUTO MIYAMOTO

人類の歴史上、12人の人間が月に降り立ったが、この地球以外で暮らしたことのある人間はいない。アポロ15号の乗組員で、月面に立った8人目であるNASAの宇宙飛行士、ジェームズ・アーウィンはこのように述べている。

「地球は、宇宙の闇に浮かぶクリスマスツリーの飾りのようだった。遠ざかるにつれてそのサイズは小さくなり、最終的にビー玉ほどの大きさになった。想像しうる最も美しいビー玉だ。その美しく、温かく、生命を持っているかのような物体は、とても脆く、繊細で、指で触れただけで壊れてしまいそうだった」

人間が、かつて奇跡の素材と謳われたもの——プラスチック——によって、自分たちが暮らしてきた唯一の場所を急速に、無情に、そして明らかに浅はかなかたちで汚染していることは疑いようがない。

私たちはいま、「美しいビー玉」がどれほど壊れやすいかを理解しつつある。

どんな理由にせよ、私たちはこの地球の上で走っている。トレイルだろうが、アスファルトだろうが、トラックだろうが、清潔で健康的な場所を走れることは心からありがたいと思う。しかし、私たちはランナーとして、この問題を解決するために貢献しているだ

ろうか？ 地球を救うために、私たちには何ができるだろうか？ 統計によると、過去65年間で人類は83億トンのプラスチックを生産してきたという。これは10億頭の象の重量に相当する。

別の統計によれば、これまでに生産されてきた83億トンのプラスチックのうち、63億トンが廃棄物になり、埋立地に行ったり、単に大地や海に捨てられたりしている。

最後に紹介したいのはこの数字だ。現在の生産と廃棄のペースを続けると、2050年までに120億トンのプラスチックが埋立地に行くことになる————これはエンパイアステートビルの重量の3万5,000倍に相当する。

私たちの居る場所である地球（ホーム）は、分解に何百年を要する素材、そしてほとんどどこにでも存在する素材によって、息が詰まりそうになっている。だが、いま現在生きている多くの人たちは、プラスチックが存在しなかった時代も覚えている。これは非常に新しい、喫緊の問題なのだ。

ビリヤードボールと櫛

19世紀、象牙の需要が供給を大きく上回っていた。毎年45万kgを超える象牙を供給するために、象や動物たちが大量に殺されていた。アフリカゾウの牙は1本平均45kgだ。人間は象牙を得るために、毎年5,000頭以上の象

を殺していた。

スーザン・フレイケルの著書『Plastic: A Toxic Love Story』によれば、象牙を必要とした最大の理由のひとつはビリヤードボールをつくることだったという。

『ニューヨーク・タイムズ』は1867年の社説で、象が絶滅の危機に瀕しているのは、箱、ピアノの鍵盤、櫛、そしてもちろんビリヤードボールをつくるために、象牙が無尽蔵に消費されているからだと警鐘を鳴らした。ビリヤードは、欧米の上流階級の間で熱狂的な人気を博していた。最高品質の象牙が獲れるセイロン（現在のスリランカ）では、「1頭あたり数シリングで……3年間で3,500頭もの象が現地住民によって処分されている」と『ニューヨーク・タイムズ』は報じている。象が直面する危機を踏まえて、同紙は「適切な代替品が見つかること」を望んでいる、と書いている。

そこで見つかった代替品がセルロイド、つまり最初の人工プラスチック素材だった。

「プラスチック」という言葉はギリシャ語の「plassein」に由来し、これは「成形する」もしくは「形づくる」を意味する。これこそが、過去50年の間にプラスチックが爆発的に普及した理由のひとつだ。プラスチックはこれまでに考案されたなかで、最も汎用性の高い製品である。そしてその起源は自然界にある。

プラスチックの性質と利点はその製造方法に由来し、プラスチックは原子または小さな分子がパターンを繰り返しながら結合することでつくられている。これがいわゆるポリマーだ。現代のプラスチックは完全に人工的な製品だと思われがちだが、ポリマーは地球上に生命が誕生したときから存在するものである。

あらゆる生命はポリマーを含んでいる。植物の細胞壁を構成するセルロースはポリマーだ。私たちの筋肉や皮膚、DNAを構成するタンパク質もポリマーである。そして、ポリマーがどんな原子や分子によって構成・配列されるかによって、強度、重量、弾力性、透明性などの特性が決まる。だからプラスチックを使って、極薄の包装用カバーや何千キロの重さに耐えられるロープ、あらゆる形状に加工できる硬いブロックをつくることができるわけだ。

実は、プラスチックの製造技術が自然界に由来しているだけでなく、初期の合成プラスチックは植物のセルロースからつくられていた。もちろんいまでは、プラスチックは主に石油や天然ガスを精製することで得られる炭化水素からつくられている。

とはいえ、初期のプラスチック製造は、木や金属、ガラスといった素材の限界を乗り越えようとするだけの試みだった。プラスチックは、どんな形にもなる柔軟性と強度を持ち合わせた、素材の新たな可能性をもたらすものだ

った。夢のある素材だったのだ。

しかしこの夢はいま、悪夢になり始めている。当初の兆しはポジティブなものだったにもかかわらず。

ニューヨーク出身のアマチュア発明家、ジョン・ウェズリー・ハイアットは、1860年代にビリヤードボールの象牙を代替する素材を発明した者に1万ドル分の金を支払う、という新聞広告を目にしたといわれている。多くの実験を重ねた結果、ハイアットは綿花に含まれる天然セルロースを使ってセルロイドを発明した。これ自体はビリヤードボールとしては使えなかった。ボール同士がぶつかる際に大きな音がしてしまったからだ（あまりにも大きな音だったため、酔っ払いたちはボールがぶつかるたびに銃声がしたと思い込んで拳銃に手を伸ばすことになった、と漏らす酒場のオーナーもいた）。

しかしハイアットの発明は、櫛にぴったりだった。それは当時、櫛に使われていたあらゆる素材よりも優れていた。そうしてハイアットは、ビクトリア時代の実業家たちが直面していたあらゆる製造上の課題（そして、当時はまだ認識されていなかった多くの課題）を解決するための、さまざまなポリマーを探し出す競争の火蓋を切ったのだった。

当時の発明家や実業家たちは、自分が何を解き放ったのかをほとんど理解していなかった。

プラスチックとランニングの蜜月

ランニングは普通、良いものだと考えられている。ランニングは、心身の健康をサポートする健康的な活動だ。かかるお金も少ないため、ゴルフやサイクリングといったスポーツに比べれば多くの人が参加できる。ランニングイベントは地元の企業に利益をもたらす。ランニングの良いところを挙げればきりがないだろう。

しかしプラスチックに関して言えば、ランナーは他の人たちよりも悪い影響を与えているとは言わないまでも、相当の責任を担っている。

その最大の原因は、使い捨てのペットボトルである。

毎年世界中で何千、何万というレースが開催されている。そしてレースディレクターたちはみな、参加者のために果たさなければいけないことをよく理解している。もちろん、安全性は重要事項だ。水分補給もそのひとつである。

だからレースディレクターたちはコース上に給水所を設置する。ニューヨーク・マラソンのコースには26カ所の給水所がある。ブライトン・マラソンでは16カ所、ニュージーランドのウェリントン・マラソンでは10カ所

だ。多くのレースディレクターは飲料メーカーとスポンサー契約を結び、ボランティアが走り去るランナーたちに手渡せるように、ペットボトルの水を荷台に積み重ねている。

その数は想像を絶するほど多い。2018年のロンドンマラソンでは、ランナーに91万9,000本のペットボトル飲料が配られた。ほぼ100万本の使い捨てペットボトルが、たった1回のレースで使われたのだ。

そして、いったい何人のランナーがボトルを手に取り、2口飲んだだけでボトルを道路脇に投げ捨てているだろう?

環境面や経済的な理由（あるいはその両方）から、レース主催者がカップを配布するケースもある。しかし、紙コップを防水加工するためには、やはりプラスチックでコーティングする必要がある。そうすると、コップをリサイクルすることはできなくなる。

もうひとつの懸念事項──ランナーや持久力を必要とするスポーツをする人たちにとくに当てはまるものだ──は、エナジージェルである。

エナジージェルは多くのランナーにとって、体力を維持し、パフォーマンスを持続させるための必須アイテムだ。しかし、ジェルのパッケージに使われるのは環境には最悪のもの、プラスチックでコーティングされたアルミホイルである。もちろん、ランナーは栄養補給剤を使いやすいサイズのパッ

クに入れて持ち運びたいし、ジェルを摂るたびにあちこちをベタベタさせて汚したくない。だから丈夫なパッケージは欠かせない。しかし、利便性には環境コストが伴うのである。

多くのスポーツ栄養メーカーは、1時間に3個のジェルを摂ることを推奨している。平均的なアメリカのマラソンランナーの場合、26.2マイルを4時間30分弱で走る男性とそれを少し上回る女性は、レース中に13〜14個のジェルを摂取することになる。つまり、もし栄養メーカーのアドバイスに従ったとすると、2018年の東京マラソンの完走者たちは、計48万個のジェルパックを空にして捨てたことになる。すべてが埋立地行きだ。

また環境に影響を与えるのは、身体の中に摂り入れるものだけではない。身体に身につけるものもまた影響を与えている。具体的に言えば、足に履くものや、身につける服である。

ランニング用のシューズやウェアは比較的最近まで、普段着を簡素化したものが主流だった。1890年代、ランナーのジョセフ・ウィリアム・フォスターはより速く走るためのシューズをデザインしたいと思い、J.W.フォスター＆サンズを立ち上げた。現在、リーボックとして知られている会社である。フォスターの会社は、靴底にスパイクのついた軽量の革製のシューズを製造し、それは1924年のオリンピックの100m金メダリスト、ハロルド・

エイブラハムス──1981年の映画『炎のランナー』のモデルになった人物だ──をはじめとするアスリートたちに着用されることになった。

それから約30年後、1マイル4分の壁を破ったロジャー・バニスター卿も、靴底に金属スパイクがついた革製のシューズを履いていた。彼のショーツとベストは綿でできていた。

ランニングシューズやランニングウェアのブランドはプラスチック繊維や合成繊維の開発に熱心に取り組んだ。こうした新素材は、軽量性、通気性、コスト、耐久性など、運動に理想的な特性を備えていたし、それはいまでも変わらないからだ。

実際、ランニングシューズやウェアの開発における偉業の多くは、合成プラスチックの進化とともに訪れている。そのいい例が、ビル・バウワーマンが開発したワッフルソールであり、これはナイキがアディダスなどのスポーツシューズブランドとの競争で一歩前に出るのに貢献したものだ。グリップ力を高め、軽量化を実現したこのソールは、オレゴン大学の陸上トラックを再舗装する際に余ったポリウレタンからつくられている。

そうしていま、私たちが置かれているのは、多くの──おそらくはほとんどの──ランナーが頭から爪先までプラスチックで覆われている状況である。ランナーがかけるサングラスから合成繊維でできたトップス、ショーツ、

タイツ、靴下、ランニング用のバックパック、シューズに至るまで、そのすべてがプラスチックなのだ。

それらが捨てられると、その多くは埋立地行きとなる。ランナーたちがトラックやアスファルト、トレイルを走らなくなっても、何トンもの古い装備は彼らが走った証として、何世紀も残り続けるのである。

アクションを起こすランナーたち

ランナーはプロセスにこだわることで知られている。オンラインで彼らのトレーニングプランをざっと見てみると、ランナーが走ることに、そしておそらくは人生にどう取り組んでいるのかがわかる。レースに向けて準備をするのは、改善の繰り返しである。ケガの治療や予防も同様だ。ランナーはたいてい、何事も偶然に任せるのを嫌う。そして、目標を達成するために積極的に行動を起こしていくことを好む。

あるランナーにとっては、ゴミ拾いというシンプルな行為も、地球を救うためにできることのひとつである（ただし典型的なランナーと同じように、彼女も自分なりの目標を定めてゴミ拾いをしていることは特筆すべきだろう）。ジョー・モーズリーは、50代でランニングを始めた。走る理由を尋ねられたときの彼女の答えはシンプルだ。「喜び。新鮮な空気と素晴らしい景色がある喜び。自分にはできないと

プラスチックに関して言えば、ランナーは他の人たちよりも
悪い影響を与えているとは言わないまでも、相当の責任を担っている

思っていたことができるとわかったときの喜び。新しい友だちができることの、新しい冒険へ出かけられることの喜び。ランニングシューズを履くだけで、頭のなかでいつも鳴り響く雑音を静められるんだと思えることの喜び」

モーズリーが鎮めることができないのは、トレイルにゴミが落ちているときの悲しみでありフラストレーションだ。

「私が走る主な理由は喜びを感じられるからですが、それと同時に、私に多くの幸せをもたらしてくれる田舎の景色を守りたい、という目的意識も芽生えてきました。私は、増えつつある『プログ(plog)』をするランナーのひとり。私はプロガーなのです」

「プロギング(plogging)」とは、ランニング中にゴミを拾うことを指す。この活動はスウェーデンのランナー、エリック・オールストロームが最初に提唱し、スウェーデン語の「plocka upp(拾う)」から名付けられた。モーズリーはオンラインでプロギングのコミュニティを見つけ、自分がもともとやるべきだと思っていたことを実践する人たちの運動に熱心に参加するようになった。それは、彼女のお気に入りのランニングコースのひとつから始まった。

「北海沿いのビーチや崖が昔から大好きで、ヨークシャー・デイルズの家に持ち帰るためにシーグラス(海藻類)を集めていました。でも、小石のなかにプラスチックがあることに気づいたんです。風船、ストロー、ボトル、蓋、ロープ、それから波に砕かれてほとんど見えないくらい小さなマイクロプラスチックの破片。一度気づいてしまうと、もう見ないふりをすることはできませんでした。通り過ぎてしまうことなんてできませんでした」

モーズリーは自身の目標を定めた。「2018年の1月に、私はふたつの個人的な挑戦をすることを決めました。ひとつは1年間で1,000km走ること。ふたつ目は、どこにいようと1日2分間のゴミ拾いをすること。マザー・テレサの言葉を借りて、私はこれを『365日の愛』と呼んでいます。

『私たちみんなが偉大なことをすることはできないけれど、私たちはみんな、大きな愛を持って小さなことに取り組むことができます』」

プラスチックの最大の問題のひとつは、その多くが海に流れ着くことである。海はときに、地球のゴミ収集所と呼ばれることがある。モーズリーが拾うプラスチックは、海に向かっていくものだ。海に流れ着いたプラスチックは、さらに細かい破片へと砕かれていく。そしていま、マイクロプラスチック(5mm以下の粒子)は気象システムによって巻き上げられ、竜巻によって山の上まで運ばれることがわかっている。基本的に、プラスチックはいまや地球上の至るところに存在するわけだ。それだけでなく、海中のマイクロプラスチックは海洋生物に摂取され、人間はそれを漁獲する。こうして小さなプラスチックの繊維は食物連鎖に取り込まれる……その連鎖の最後には人間がいる。

プロガーやプラスチックゴミを拾う人々の活動は素晴らしいが、私たちが直面している大きな問題を解決するためには、政府の介入が必要になってくる。それを実現させるためには、この問題がより大きな関心を集めなければいけない。プラスチック汚染の問題をできるだけ多くの人に知ってもらおうと頑張っているのが、22歳のランナーであり環境活動家のサム・ベンシェギブだ。

2019年7月26日、ベンシェギブはプラスチック汚染の危険性と海洋保護の必要性を訴えるために、アメリカ大陸を横断するランニングを始めた。ニューヨークのバッテリーパークをスタートし、ロサンゼルスでゴールする「Ocean2Ocean」(この試みはそう呼ばれている)を行うことで、サムは大西洋から太平洋へと向かった。彼は3,000マイルを5カ月かけて走り、13の州を横断した——何千もの人々が行動を促すことを願いながら。

海洋プラスチックに対する意識を高めるために大きな挑戦を行ったもうひとりが、ベン・ルコントだ。52歳のフランス人のルコントは、世界最大の海洋プラスチックの集積所として知られる太平洋ゴミベルトを通って、ハワ

イからサンフランシスコまでを泳いだ。この300海里にわたる挑戦の目的は、マイクロプラスチックのサンプルを収集することと、大きなプラスチックにGPSタグを付けて、海での動きを追跡することである。それと同時に、ルコントと彼のチームは、できるだけ多くの人々にこの挑戦を知ってもらうべく努力している。

すべてのランナーにできること

　問題への関心を高めるために大陸を横断したり、どこであれ見つけたプラスチックを拾ったりする以外にも、地球を汚染するプラスチックをクリーンナップする取り組みをランナーが支援できる方法はある。そのひとつが、アディダスと「Parley for the Oceans」（パーレイ・フォー・ジ・オーシャンズ）とのコラボレーションだ。

　アディダスとパーレイはいくつかのプロジェクトをともに行っているが、ランナーが支援できる取り組みのひとつに、海洋プラスチックをリサイクルしてつくったシューズのラインナップがある。アディダスはランニングシューズのアッパーのニット素材を、パーレイが収集したリサイクルプラスチック由来の糸に変更した。さらに「アディダス×パーレイ」シリーズのアウトソールは、リサイクルされたゴムを再粉砕することでつくられている。

　ファッション業界紙『Drapers』の記事によると、アディダスがパーレイと行う取り組みは、まだ始まりに過ぎないという。「パーレイとの連携に加えて、アディダスは天然素材や他のリサイクル素材を使った製品の開発に取り組んでいる。昨年、アディダスはクモの糸からつくられた素材でできたシューズを発売した。ビジネスにおける重要テーマとしてプラスチック汚染に取り組むと同時に、アディダスはクローズドループ生産への移行にも力を入れており、ロンドンを含むいくつかの都市でシューズをリサイクルするパイロットプラグラムを導入している」

　プラスチックの再利用を進め、それによってプラスチックを埋立地や焼却炉に送ったりしないようにしているもうひとつのブランドが、パタゴニアだ。パタゴニアは1993年からすでに、リサイクルプラスチックからつくられた糸を使ってきた。この問題に関して、同社はこのような声明を出している。「私たちは1993年、ゴミをフリースに変えた最初のアウトドアウェアメーカーとして、炭酸飲料のペットボトルからリサイクルされたポリエステルをつくり始めました。これは、より持続可能なシステムへのポジティブな一歩でした——より少ない資源を使い、ゴミを減らし、人々の健康を守るための一歩です。今日、私たちは使用済みの炭酸飲料ペットボトル、製造過程で生

まれた廃棄物、そして（私たち自身のものも含む）使い古された衣類をポリエステル繊維としてリサイクルし、衣類をつくっています。ますます多くの衣類にリサイクルポリエステルを使用しています」

プラスチック汚染への取り組みは、アディダスやパタゴニアのようなスポーツウェア大手だけが行っているわけじゃない。イギリスのトライアスロン選手、ダニエル・パディックは2016年、「Sundried」という小さなブランドを立ち上げた。高品質のウェアはアスリートの可能性を引き出すだけでなく、長持ちするためゴミを減らすことにもつ

ながる、という考えに基づくSundriedは最近、「Eco Core」シリーズで環境のための取り組みを進めている。それらのアイテムの生地は、リサイクルされたペットボトルからつくられている。リサイクル素材になっても合成素材が持つ通常の性能特性——吸汗性、伸縮性、温度調整、消臭、UVカット——はすべて維持されており、埋立地に行くはずだったプラスチックを再利用することで地球環境にも貢献しているとSundriedは言う。

プラスチックのリサイクルは素晴らしい。しかし、プラスチックを一切使わないことはできるのだろうか？　人

類が生み出した混沌を解決することも立派であり、私たちの地球を救うためには不可欠であるが、問題をこれ以上大きくしないことも同じくらい重要であり、喫緊の課題である。

だからこそ、プラスチックの代替品が関心を集めるようになっている。

現在、プラスチックの代替品として主に注目されているのは天然素材だろう——合成素材が発明される前から使われていた素材に戻ろうというわけである。

ランニングシューズとして、レザーやキャンバス生地が再び使われる可能性は低いだろう。しかし、ランニングウェアは興味深い発展を見せている。環境に配慮するランナーたちがオルタナティブな素材を採用することによって、他のランニング・コミュニティにも進むべき道を示すことになるかもしれない。

埋立地に捨てられる合成素材を減らすための鍵になりそうな素材のひとつが、メリノウールである。実際、この奇跡の素材は合成素材が得意とする多くのことを環境にやさしいかたちで実現するだけでなく、さらに優れた性能も持っているのだ。

メリノウールの歴史は12世紀末のスペインに始まる。あるベルベル人のグループが、新しい品種の羊を南ヨーロッパの国に持ち込んだ。それから200年後、スペインのブリーダーたちはその羊をイギリスの品種と交配させ、

スペインはすぐに世界最大の高級ウール供給国となった。

スペインによるメリノウールの独占は16世紀まで続いた。その貿易価値は高く、スペインからメリノ羊を輸出することは処罰の対象になったほどだ。

やがてスペインの独占力は弱まり、ドイツやアメリカ、オーストラリアの農家がその恩恵を受けることになった。1788年にはオーストラリアが70頭のメリノ羊を輸入し、1830年までにその数は200万頭に増えた。1814年、サミュエル・マースデン牧師がニュージーランドにメリノ羊を輸入した。20世紀初頭までに、ニュージーランドの緑豊かな丘陵地帯には1,400万頭のメリノ羊が放牧されるようになった。

メリノウールの人気の理由は、快適さと性能を併せ持っていることにある。顕微鏡で見てみると、メリノウールの繊維は通常のウールよりもはるかに細いことがわかる。それが、合成繊維と同じくらい柔らかくて軽い生地をつくることを可能にするのだ。さらにメリノウールには、天然素材ならではの利点がある。ひとつは、合成繊維のTシャツがなりやすい、汗を栄養にして悪臭を放つ細菌の繁殖を防ぐこと。もうひとつは、完全に生分解性であることだ。メリノウールを使用したパフォーマンスウェアブランド「Ashmei」は、最近公開したプロモーションビデオのなかで、彼らのメリノ製のトップ

スと合成繊維のTシャツを土の中に埋めてみた。数カ月後に掘り起こしてみると、メリノ製のトップスはジッパー以外跡形も残っていなかったのに対し、合成繊維のTシャツはまったく変わっていなかった。

パフォーマンスウェアの代替素材としてメリノウールを使うことに率先して取り組んでいるのが、ニュージーランドのブランド「icebreaker」だ。1995年に当時24歳のジェレミー・ムーンが立ち上げたこのブランドの目標は、合成素材がパフォーマンスウェア市場を独占する状況を打破することだった。

ムーンは、ある偶然の出会いによってメリノウールの良さに気づいたのだと言う。

「アメリカ人のガールフレンドが、ミクロネシアのポンペイ島にあるメリノ羊の放牧場に滞在していて、帰ってきたばかりだったんだ。

彼女はその体験にすっかり魅了されて、そこの農場主に会うべきだって僕に言うんだ。それでその1週間後くらいに、僕らはランチを食べることになった。農場主のブライアン・ブランケンリッジさんは、カフェのテーブルにウールのTシャツを出して言った。『どう思う？』って。僕はウェイトレスを驚かせながら、すぐにその場で着てみた。Tシャツは僕の想像とはまったく違った──柔らかく、シルクのような肌触りで、ものすごく快適だった。子

どもの頃に着ていた、重くてむずむずするウールなんかじゃない。それは、ポンペイ島のメリノ羊の背中から刈り取られた極細のメリノウールを使って編まれたものだった。僕はランチの間ずっとそれを着ていて、返さなかったよ」

ムーンは、自分がいつも着ていた合成繊維のウェアに代わるものを探していた。それからビジネスのアイデアも。農場主が見せてくれたTシャツは、その両方を提供してくれた。

しかしもちろん、ブランドが自社製品で使う素材についていくら褒めても、その良さは伝わらない。多くの人にとって、新しいものを受け入れるには信頼する誰かのお墨付きが必要になる。

アンナ・フロストはニュージーランド生まれだ。「フロスティ」の愛称で知られる彼女は、ウルトラ・ランニングの選手としてのキャリアを通じて、非常に高いレベルで走り続けてきた。「ハードロック100」を2連覇し「トランスヴァルカニア」も2度優勝し、「スピードゴート50km」でも金メダルを2つ獲得した。そして彼女は、メリノウールのファンである。

「ランニングの世界で使われるプラスチックは、環境に大きな影響を与えています」と、アンナは言う。「カップやジェル、軽食が用意されるエイドステーションから、私たちが使うシューズやウェア、バッグに至るまで。本来ランニングは環境負荷が小さいミニマ

環境に配慮するランナーたちがオルタナティブな素材を採用することによって、他のランニング・コミュニティにも進むべき道を示すことになるかもしれない

リスト的なスポーツですが、実際はそうなっていない場合がほとんどです。

ありがたいことに、ますます多くのレースやアスリートが環境のことを気にするようになっています。シューズを長く使う、エイドステーションでは使い捨てカップを使わない、天然繊維や環境に配慮した製品を選ぶ。ほとんどのランナーは、トレイルを本来のきれいな状態に保ち、残すのは足跡だけにしたいと思っています。そうやってトレイルをきれいに保つためには、私たちのようなエリートランナーが、みんなのロールモデルであり続けることが大事なのです」

ゴミを出さない補給を目指して

環境に配慮したウェアを求める消費者の声が、プラスチックの代替品を増やしていることは間違いない。だがランナーが飲み食いするものになると、話はそれほど楽観的ではない。

ほとんどすべてのランナーが、走っている間に捨てられたジェルパックを目にしたことがあるだろう。レースで使われる使い捨てのペットボトルも、いまだに大きな問題になっている。しかし同時に、希望の兆しもある。

プラスチックコーティングされたアルミホイルの代替品を探しているニュートリション・ブランドに、「Lucho Dilitos」（ルチョ・ディリトス）がある。icebreakerと同様、昔ながらのやり方を採用する新たなブランドである。ルチョスとは、グアバペーストに砂糖を混ぜて固めたものを乾燥したバナナの葉で包んだものだ。コロンビアでは、こうした小さなブロックは「ボカディージョ」と呼ばれている。

ブランドの創業者であるデイビッド・ガスリーは、コロンビアのサイクリストたちが上着のポケットにボカディージョを入れて、走っている間に栄養補給をしているという話を読んだことがあったという。そして香港で行われたあるパーティで、彼はコロンビア人のウェイターと偶然知り合うことになった。そのウェイターは、ボゴタに住む母親から送られたボカディージョを受け取ったばかりで、ガスリーはそれを食べることができた。彼は自分で食べるためにボカディージョがどこで買えるかを探すのではなく、すぐにコロンビアへと向かい、この発見をビジネスにすることができるかどうかを確かめようとした。

問題は、バナナの葉で包んだフルーツと砂糖でできたブロックを販売するためには、プラスチックで包装する必要があることだった。ガスリーはこの問題に頭を悩ませている。

「残念ながら現在のヨーロッパの法律では、衛生と安全上の理由から、消費者を汚染から守るためにルチョスをプラスチックで包むことが義務付けられています。私たちは常に代替案を探しています――方法はいくつか見つけています――が、次に問題になるのは、製品をつくっているコロンビアにプラスチック以外のものを持っていくことです。私たちが提携しているのは、コロンビア中央部、サンタンデールの丘陵地帯にある農家たちのフェアトレード協同組合です。しかし彼らは、プラスチックフィルム以外のもので製品を包む知識や設備を持っているわけではありません」

ルチョスを包装するプラスチックの代替素材を見つけなければいけないというガスリーの情熱は、ランナー（とサイクリスト）が落としていくゴミを目にした個人的な経験から生まれているという。

「ロンドンオリンピックの直後に、リッチモンドパークに捨てられたゴミについて書かれた新聞記事がありました。記者は公園の中の100mほどの道路で200個以上のプラスチックゴミを拾ったのですが、その多くはスポーツジェルでした。『まったくなんてことだ』と、私は思いましたよ。『鹿がゴミで窒息しちゃうじゃないか』と。サイクリストでランナーでもある私は、ルート上のほとんどどんな場所でもゴミを目にしてきました。捨てられた包装ゴミは、長距離アスリートがもたらす災難です。この記事が私を動かし、最終的にビジネスを立ち上げることになったのかもしれません」

もうひとつの希望の光は、毎年100万本近くの使い捨てペットボトルを出

MICROPLASTICS

場者に提供するロンドンマラソンの主催者からの発表だった。そのニュースは、ロンドンマラソンが「Ooho」というブランドと提携するというものだった。

Oohoは、水やエナジードリンクなどの液体を入れる柔らかい透明のパウチで、ランナーは「かじってすする」（ニップ・アンド・シップ）ことも、一気に口に含むこともできる。パウチは海藻由来の素材でできており、防水でありながら完全に生分解性で、食べることさえできる。

2019年のロンドンマラソンで初めて試験的に導入された際には、3万個のOohoパウチがランナーに提供され、それによって21万6,000本のペットボトルが削減された。

Oohoと似たコンセプトの製品を発表したのは、工業デザイナーのリジー・ライトだ。彼女のブランド「Gone」は、ジェルパックとしても使える「バイオプラスチック」をつくっている。アイデアはまだ開発段階だそうだが、空になったパックが雨や地域の動物によって簡単に分解されるという可能性は魅力的だ。もちろん、完璧なアイデアなどない。一部の人たちは、製品がすぐに分解されると思ってランナーたちがどこにでも空のパックを放り投げるようになったら、それはポイ捨てと変わらないと言う。そうした行為は、バイオプラスチックのパックを使っていない人たちのポイ捨てを促すことになりかねないとも。しかし少なくとも、

埋立地に行っても完全に分解されてなくなるジェルパックというアイデアは興味深いし、探究すべき価値がある。

まだまだやるべきことはある

どんな問題も解決への第一歩は、その問題が存在することを認めることである。ブランド、慈善団体、非政府組織、レース主催者、圧力団体、報道機関、そして、プラスチック汚染を心配する多くの個人たちは間違いなく、この問題に対する意識を高めるために素晴らしい取り組みを行っている。

ランナーたちは、スポーツを通じて大自然のなかへと出かける多くのアスリートと同様、地球を守ることの重要性を敏感に感じているようだ。

そしてありがたいことに、身につけるものや口にするものについては、ますます多くのプラスチックの代替品が登場している。加えて、ランナーが消費を減らし、ゴミを減らすための方法は無数にある。

しかし、まだまだやるべきことはある。アントニオ・グテーレス国連事務総長によれば、プラスチック消費量が現在のペースで増え続けた場合、2050年までに海中には魚よりもプラスチックのほうが多く存在することになるという。私たちの最大の望みは、ますます多くのランナーたちが環境負荷の少ない製品を求めるようになり、ブランドがランナーにも地球にも良い製品を

提供するというかたちでその声に応えることだ。

それが、私たちが向かうべき未来である。🅛

———————

SIMON FREEMAN
（サイモン・フリーマン）

Like The Wind コ・ファウンダー、エディター。◙ @simonbfreeman

KATE SUTTON
（ケイト・サットン）

イギリスの湖水地方在住。ランニングをし、絵を描き、ヨガをし、ケーキを食べ、犬をからかって日々を過ごしている。◙ @suttonkate　www.katesutton.co.uk

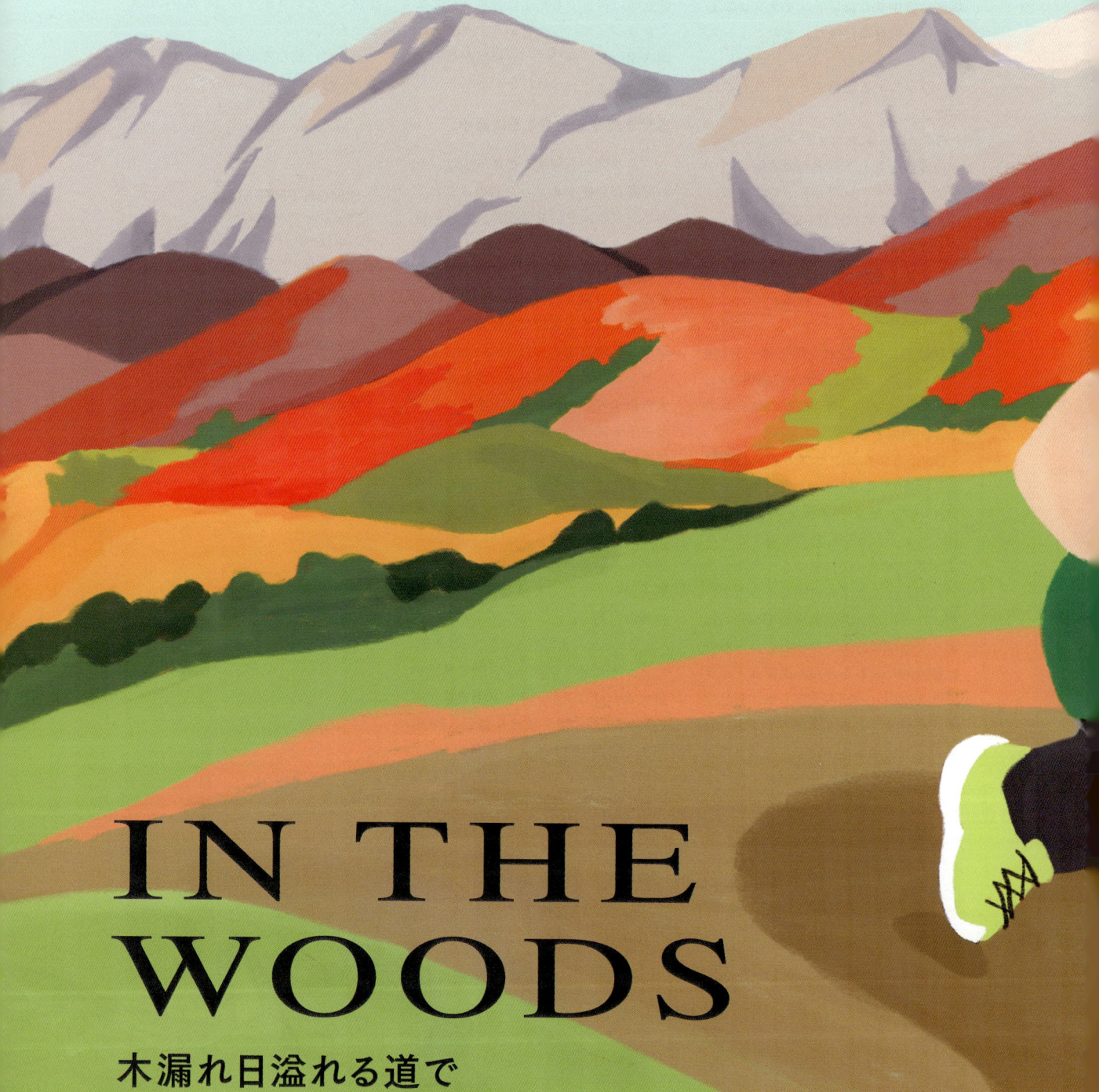

IN THE WOODS

木漏れ日溢れる道で

LIKE THE WIND PROMOTION   WORDS BY *LIKE THE WIND*   ILLUSTRATION BY NACCHIN

地球環境の変化について、私たちはいま何を知っていて、何をすることができるのだろう
——この秋から冬にかけて、THE NORTH FACEと一緒に考えた。

どこでどんな風に走ろうか。レースでもレースでなくても想いを巡らせるのは愉しいことだ。

マラソン、1マイルレース、トラック、グループラン、トレーニング、ストリーク、散歩、あるいは旅をするように走る時間——どのランにも固有の楽しさがある。トレイルランニングについても、World Trail Majors や UTMB シリーズといった誰もが知るメジャーレースだけではなく、ローカルの大会やイベントを含め選択肢が世界各地で増えて、走るスタイルはますます多様になってきた。今この瞬間も、誰かがどこかで走っているだろう。

新たな視点

THE NORTH FACE は、そんな多くの走る人をサポートしてきた。SUMMIT シリーズを始め、FREE RUN、BASIC RUN といった幅広いプロダクトラインナップを展開し、Mt.FUJI 100 や Izu Trail Journey、湘南国際マラソンを始めとするたくさんのレースをサポートしながらコミュニティと共に歩んできた。（湘南国際マラソンについては本誌01号を、Mt.FUJI 100 については同02号を参照）。

また、トップクラスのアスリートを支援し、公式 YouTube ではドキュメンタリーフィルム『Inner Giant』（出演・土井陵）や『ON MY JOURNEY 旅の途上で』（出演・上田絢加）、誌面では『MOUNTAIN ADVENTURER（本誌03号）』などを通して走ることやアウトドアスポーツの持つ力を発信しつつ、公式ウェブサイト『THE NORTH FACE RUN』では各地のコミュニティの声を伝えている。

さらに、アウトドアカルチャーのパイオニアとして、THE NORTH FACE は新たな視点をもたらそうとしてきた——自然環境の変化に対して私たちには何ができるのか。それをコミュニティと連携しながらいち早く示してきたのだ。

身体がそれを感知する

トレイルランニングと気候変動について、例えばこんなエピソードがある。

UTMB シリーズのなかでも特に難しいレースである TDS に、ブール＝サン＝モーリスのエイドステーションからル・パサール・ド・プラローニャンの稜線まで約2000mを登り続ける難所がある。ヨーロッパアルプス、サヴォワ地方の山塊と自分が一つになる感覚を得られるルートだ。

今年、ここで多くのランナーがこれまでとは違った体験をすることになった——とても暑いのだ。トレイルで吐くランナーが続出する。何が起こっているのか理解しようとするが、混乱するばかりだ——TDS だけでなく、UTMB ウィーク全体でいえば、UTMB 女子優勝を飾ったケイティ・シャイド（THE NORTH FACE アスリート）をはじめ多くの選手が辛そうな表情をしていたのが印象的だった。

こんな体験を気候変動の影響によるものであるとにわかに関係づけるのは早急かもしれないが、それでも思考が現実を認識し始めるより前に、私たちの身体は「世界が暑くなっている」ことを感知しているのだ。

夢と軋み

地球温暖化は、ランナーだけではなく山を愛するたくさんの人々にとっての懸念でもある。

クリスチャン・モリエは、1940年にシャモニーに生まれ、アルプスの自然に親しんできた。ヨーロッパ登山界の黄金期（1950〜60年代）から活躍するクライマー／山岳ガイドだ。

人類初の8000m峰登頂となった1950年のフランス・アンナプルナ登山隊に「スーパースター」と言われた登山家／映画監督のガストン・レビュファがいた。そのレビュファが監督したフィルム『天と地の間に』（仏・1961年、国際山岳探検映画祭グラン

プリ）に出演している、と言えばトップクラスのクライマーとしてのモリエを表現できるだろうか。

モリエは数多くの著書のうちのひとつ『シャモニーの谷に生まれて』（柴野邦彦訳、2024年未知谷刊）でこう書いている。アルプスで、美しい氷洞を掘る楽しみが失われていく様子についてだ。

「一九五四年、氷河の後退が激しくなって、もう最初の場所に氷穴を掘ることができなくなった。それで、茶屋を標高一三〇〇メートルの場所から一四二五メートルへ移すことになった＜中略＞けれど、すぐその後、また氷河の前進が始まって、二〇年間で六〇〇メートルにも及んだ＜中略＞一九九三年以来、氷の洞窟はもう掘られていない」（同、P.47）

日本も暑い。

「身の危険を感じる暑さ」という表現が、夏のニュースで聞かれるようになった。気象庁によると、1898年の統計開始以来、2023年の日本の平均気温は最も高い値だったという。

富士山頂では、2018年の段階で100年前に比べて1.2℃気温が高くなった。これによって永久凍土が減少し、森林限界が上昇した。斜面の色が変わり、岩が崩壊して、山の形そのものが変わっていく。「身体で感知」する私たちは、トレイルや山の変化を視覚でとらえるようになったのだ。

モリエは、こう書く。

「表面に水の流れる音がし、クレバスの中で滝の響きがこだまする氷河の生きた姿を見るととても嬉しい気がする。巨大な氷の塊は動く時にきしみ音を発し、温度が上がると両岸からは落石の音がする。嵐や落石やクレバスの深い穴のあるこの氷河のそばで私はたくさんの夢を抱いたものだった」（同、P.48）

私たちはいま、現実の世界でもう「たくさんの夢」を抱くことができないのだろうか？

ヒューマンセキュリティ

　人種や出自、宗教や信条、身体や精神の特徴によって何かを制限されず、政治、経済、災害、紛争、犯罪、感染症や環境問題などを含め、たくさんの脅威から一人ひとりが守られることをヒューマン・セキュリティ（人間の安全保障）という。2012年9月に、国連総会で採択されたこの考え方は、2015年9月に合意された持続可能な開発目標（SDGs）にも反映されている。

　シャモニーでも日本でも「暑い」と感じ、自然環境がどんどん変わる様子を見ている私たちは、気候・環境の変動によって人間の安全保障が今まさに揺らいでいるプロセスの只中にいる。暑さに朦朧とし、氷河が溶け、岩が崩落する音を聞く。いま走ることは環境が変わり、軋んだ音のなかを進むということなのだ。

　そのとき、何をすべきなのか――2024年12月、（CO2排出削減や自然環境保護にも関連する）プラスチックによる環境汚染の防止に向け初めてまとめられる予定だった国際条約はしかし、政府間交渉が決裂してまとまらなかった。国家という＜大きな仕組み＞がワークしそうにないとき、個人や企業は何をすべきなのか、その問いの重みは一気に増すことになる。

言葉と行為と心と力

　THE NORTH FACEでマーケティングやイベント、レース、市町村との連携を担当する本武史は、こう語る。「ゴールドウインとして、会社全体で『GREEN IS GOOD』という理念のもとにアクションを続けてきました――SDGsという言葉ができる何年も前からです。「GREENCYCLE」で不要となった衣類を回収し、人と自然に優し

い「GREEN MATERIAL」を活用して環境の変化に柔軟に対応する。それから、ものづくりを担う企業として、2030年までに「GREEN MATERIAL」を活用した「GREEN PRODUCT」の割合を90％、2050年までにそれを100％にしようとしています。高い目標ですが、試行錯誤を繰り返しながらよりよいメーカーになるために会社全体で取り組んでいることです。私が担当するTHE NORTH FACEのマーケティングという観点でお話しすると──」

そう続けた本の言葉には、力があった。自身も頻繁に山を歩く、いわばアウトドアカルチャーを体現する当事者（プレイヤー）であり、言葉と行為と心がつながっているからだ。

「日本全国で一気に何かをできるに越したことはありませんが、そうもいきません。ひとつひとつ進めていくのが良いと考えています。そういうわけで私たちは、自分たちのブランドと親和性のある場所で取り組みをスタートしてきました。例えば、石川直樹（THE NORTH FACEアスリート）の拠点となっている北海道の斜里町や、THE NORTH FACEの店舗がある知床での活動です。竹富島や箱根などでも活動しています。トレイル整備をしたり、植林をしたり、海ではビーチクリーニングをして海洋プラスチック／ブイの回収を行うこともあります（編注：ブイの一部は「GREEN MATERIAL」に活用している）。プロダクトを展開することや、レースに協賛することで環境やコミュニティに働きかけていくと

いうことに加えて、私たち自身がフィールドで活動しているのです」

続けることの先に

「こういった取り組みは、多くの企業やボランティア、個人が行っていることでもあります。目新しさはないかもしれません。むしろ、我々ものづくりの会社が環境についての活動をしていると、"いまさら"とか、"グリーンウォッシュではないか"と捉えられかねないというリスクもあるかもしれません。"新しいプロダクトを作るのをやめるほうがいいのではないか"──そんな意見も世の中にはあるでしょう。あるいは、誰でもできる活動をするよりも、環境についてもっと明確なメッセージを発信したほうがいいのかもし

何よりも、実際にやってみると土の手触りや、風の音が心地よい

れません——アクティヴィストがインパクトを残したり、ダイレクトなメッセージを発信する企業があるのも知っています。それでも——」

「それでも」、コミュニティに近い場所で粛々とアクションするのはなぜなのだろう。

「続けることが大切だと考えています。それは活動自体を続けるという文字通りの意味に加えて、もう一つ大切な側面があります。全ての活動がそうなることはないかもしれませんが、ビジネスとして新しい仕組みを作っていくということです。例えば、私たちが包括連携をしている神奈川県足柄下郡箱根町やローカルのコミュニティと一緒に、新しく進めてきたトレイルメンテナンス活動がそうです。近自然工法という最も自然に近い方法論でトレイル整備をし、山の環境をできる限り自然に近い状態で再生していく。地元の「山好き」たちの活動にフィールドにいる私たち自身も寄り添うことによってその土地の環境保全に貢献するというのは第一歩ですが、その先なんです」

パワー・オブ・リアリティ

「つまり、私たちがいることによって、新しい組織がローカルにできて、雇用が生まれ、自律して継続していくこと、それによって一過性のものではなくずっと続いていくことを目標にしたんです。単に環境をメンテナンスする、あるいは目立つメッセージを発信するということ以上に、新しい仕組みができあがり、次世代につながるというリアリティ、概念やメッセージではなくて実際にものごとが動くことを大切にしたい、そう考えています」

個人やコミュニティの日常の発信、企業のマーケティング、そして政治や軍事領域での戦略や認知形成など多くの領域でテクノロジーの恩恵がある一方、本当のことが見えづらくなった。"身体のない場所"（＝ヴァーチュアル空間）で過激なメッセージやフェイク

ニュースが飛び交い、人間の認知や思考の領域でも混乱が拡大しているのが現代だ——2022年にまとめられた「人間の安全保障」特別報告書でも、新たな脅威として「テクノロジー」の危うい側面が指摘されている。

そんな時代に、本の言葉から窺うことのできる THE NORTH FACE のプライオリティは、言葉や認知領域でのメッセージングではなくフィールドでのリアリティなのだ。

「GREEN PRODUCTS」で＜リジェネラティブ＞な活動を広げながら、フィールドでトレイルメンテナンスというアクティビティを活性化させて新しい仕組みやビジネスを作り出していく。このことは、環境負荷を下げ、さまざまな活動を循環させていくその先に新しい価値を生み出していく＜ネイチャーポジティブ＞戦略のひとつの具体的な事例だと言えるだろう。

THE NORTH FACE は、ときに語らない。語らずして、＜ポジティブ＞な兆しを実際に生み出そうとしている。

トレイルメンテナンスは楽しい

トレイルメンテナンスは具体的にどんな経験なのか？　本は最後にこんな話をする。

「走る楽しさは？と問われたとき、多くの答えがありますよね。仕事の後に走るとリフレッシュできるし、速く走ると爽快感もある。走るからこそ行くことのできる場所や見ることのできる風景がある。ゆっくり歩くのもまた楽しい。季節の変化を知ることができるし、見上げると見たことのない鳥がさえずっている——いま私たちが思うのは、トレイルメンテナンスにも、そういうさまざまな楽しさがあるのではないかということなんです」

メンテナンスには、専門知識や体力が必要だ——そんなイメージがあるかもしれない。もちろん、枝や木を運ぶ力や、安全に関する知識も必要だろう。

だが、自分が踏むトレイルをより良

い姿、自然に近い姿に整えてみようと思う、そんな純粋なモチベーションからトレイルメンテナンスがスタートすることがあってもいいだろう。走ることや歩くことが、トップアスリートや専門家のものではなく、誰にでも体験できる楽しい時間であるのと同様に。

「だから、"山の整備"というよりも、庭を整えたり、盆栽を楽しんだりする感覚に近いかもしれません。ゴミを無くしたり、景観を美しくしていると、段々と自然は本来こういう成り立ちをしているんだろうなと考えるようになります。何よりも、実際にやってみると土の手触りや、風の音が心地いい。自分の手で運んだ木や整えた道が、環境と調和しているのを見るのが嬉しい。地球という大きな公園に自分がいる感覚があって遊んでいるように思えてくるんです——個人的には、アクティビティを終えて飲みに行くのも楽しみですね」

近所のトレイルや、里山はいつもそこにある。自分たちの"庭"や"公園"のようなもの、大切なプレイグラウンドとしてそこに関わり続けていく。私たちは THE NORTH FACE と一緒に、トレイルメンテナンスという新しいアクティビティ——新しい「夢」を見ているのだ。

本は、今日も歩いている。私たちと自然をつなぐ木漏れ日溢れる道を、今日も歩いている。🄛

www.goldwin.co.jp/tnf/run/

MEET the Runner PHOTOGRAPHY

写真は何を語るのか？

言葉ではなく写真を通してどんなストーリーを想像
できるだろう？　フォトグラファー・山田陽がラン
ナーに会いにいくシリーズ、今号もお届けします。
神宮前や逗子、世田谷代田のランナーが登場しま
す。どうぞお楽しみください。

PHOTOGRAPHY BY AKIRA YAMADA

Like the Wind 日本版ローンチパーティー @THE NORTH FACE Sphere(東京、神宮前)で── 福内櫻子 @@sakurako_fukuuchi

『仙元山100』（神奈川 逗子）で――青戸まひな ⓪@bakeddora_0904

『ディグトリオ＋DOYOU CLUB』グループラン（東京、世田谷代田）で——サワイ ⒶＱqqq7gn9k

『ディグトリオ＋DOYOU CLUB』グループラン（東京、世田谷代田）で——ゴトウ⦿@goto_s99　しょう（逆立坊主）⦿@ohsk_show

『ディグトリオ＋DOYOU CLUB』グループラン（東京、世田谷代田）で——（左から）ゆり ⓘ @yuri.t__0903　かめ ⓘ @_ _kamex　マイ ⓘ @mai_mauu_
れんこ ⓘ @waterlily941012　のりか ⓘ @norinori.nemnem613　しほこ ⓘ @sh_k_103　なつみ ⓘ @natsumi8111　マイキー ⓘ @maiky_grassy　シンチェインズ ⓘ @scz.mov

THE MORNING SHAKEOUT

IN CONVERSATION WITH MARIO FRAIOLI

プレッシャーと上手に付き合うためのいくつかのコツ

WORDS BY SIMON FREEMAN　TRANSLATION BY YUTO MIYAMOTO

　ホスト、コーチ、ライターでランナーのマリオ・フライオリが *Like the Wind* エディターのサイモン・フリーマンと話すポッドキャスト番組『THE MORNING SHAKEOUT』からのエピソードをお届けする。今回のテーマは、「プレッシャー」について。プレッシャーが良く作用するとき、大き過ぎるとき、そしてそのバランスをどのように取ればいいのか。ちなみにふたりは、収録の最中にオリンピックの決勝戦を見始めている。*Like the Wind* 日本版のポッドキャスト「News & Stories」（Apple/Spotify などで配信中）と併せてお楽しみください。

サイモン・フリーマン（以下 SF）　今日のテーマは「プレッシャー」だ。どんなときにプレッシャーが良い方向に作用して、どんなときに悪い方向に作用するのか。どんなときにプレッシャーが必要で、どんなときにプレッシャーが過剰になるのか。例えば、ヤコブ・インゲブリクトセンやジョシュ・カー、イェアード・ナグセが、自分に与えているプレッシャーのおかげで活躍している可能性について話してみたい。それから、ノア・ライルズが100m決勝の前にあんなにおしゃべりだったのは、自分に大きなプレッシャーをかけるためなんじゃないかと思った。もし彼があのレースで勝っ

ていなかったら、正直言って少しまぬけに見えていたんじゃないかな。

マリオ・フライオリ（以下MF） ノアは本当にカリスマだよ。スタート直前にカメラの前に出たがる。手を使ってちょっとしたパフォーマンスをする。スタジアムに入ると大声で叫ぶ。それがノアなんだ。コーチへのインタビューを読んだことがあるけど、そのなかで聞き手がノアのレース前の行動についてどう思うか尋ねたんだ。そうしたらコーチはこんな感じだった。「ノアのことは気にしないようにしてるよ。もし気にし始めたら、彼以上に私が緊張してしまうだろうからね。でもまぁ、彼にはあれが必要なんだろう。レースを競うために、自分を奮い立たせているんだよ」。僕が思うに、3年前の東京［オリンピック］ではスタジアムに観客がいなかったから、ノアは本当に苦しかったと思う。彼は本当に、観客のエネルギーやファンとの交流からパワーを得ている。他のやつらがスタジアムに入って8万人の観客がいるのを見て、「マジかよ、俺はどこにいるんだ？ こんなところで走るのかよ？ 隠れる場所なんてないじゃないか」と言うようなところで、ノアはホッとするんだ。彼にはそうした状況が力になるわけだから。

SF マリオ自身はプレッシャーとどう付き合ってる？ プレッシャーには強いほう？

MF プレッシャーとの関係は、人生を通して変わってきたと思う。とくにここ数年でね。もちろん、プレッシャーにはいろんな種類がある。アスリートとして自分に課す「勝たなきゃ」というプレッシャーもある。それから、自分のやっていることで飯を食っていけるようにしなきゃという起業家としてのプレッシャーもある。思い返せば、昔は人生をかなり0か100かで考えてた。これをやらなければもう二度とできないとか、自分は負け犬だとか。どんなことに対してもね。うまく受け入れられるようになったことのひとつは、好奇心に従えばいいと思えるようになったこと。「どうなるかわからないんだから」とただ思うようにするんだ。だってプレッシャーを感じると、はっきりした目標を達成しようとしてしまうでしょ。その目標が達成できなければ、失敗だ。そうしたものから解放されて、オープンマインドになることができれば、肩の荷が下りたように感じられる。

SF 僕らは欧米でかなり成果主義的な社会に生きていると思うし、それは非常に二元論的だ。成果が出れば、「勝った。最高！」か、「負けた。ゼロ。お前なんて価値がない」のどちらかになる。僕はこうした考え方に適応できていないから、いまだに苦労してるよ。

MF そう感じるのはどうしてだろう？ 自分自身に対する期待やプレッシャー、成果目標といった内的なものが理由なのか、それとも外的なものが理由なのか。

SF たぶん、昔に比べて自分のなかの多くのものをランニングに捧げているからだと思う。ランニングを始めたのは、30歳になる手前だった。いまは49だ。走り始めたのは、当時の自分がパートタイムのアルコール中毒で、ヘビースモーカーで、太り過ぎで自分の仕事も嫌いで、ネガティブなことがたくさんあったから。何か行動を起こさなくちゃと思ったんだ。それでクリスマスイヴの日にタバコをやめた。そして次の日、クリスマスの朝に走りに出かけた。ひどい気分だったよ。でもそのときの自分がやろうとしたのは、自分にプライドを持てるようになることだった。マリオは、適切なプレッシャーを感じるためにはどうすればいいと思う？

MF いい質問だね。健全で現実的な期待を持つことに尽きるんじゃないかな。それからさっきも言ったように、すべてを0か100かの結果につなげないことだと思う。

SF もし誰かに「大きなプレッシャーを感じているんです」と言われたら、どんなアドバイスをする？

MF 特定の結果にとらわれすぎないこと。現実的な期待を持って、それに応えられるように努力し、そこから先のことについては気にしないことだね。🅛

『The Morning Shakeout』
のエピソード237全編は、
こちらから。

*Like the Wind*日本版の
ポッドキャスト
『News & Stories Podcast』
は、こちらから。

こころ *躍* る 本 を 。

木星社

www.mokusei.pub

MOKUSEI RC TSUSHIN

今号でもまた、コラムやエッセイの新しい書き手が加わった。
冒険譚、インタビュー、ポッドキャストなど多彩なフォーマットでお届けする。

ヤングガンズの大冒険

Litty
Litty

WORDS BY YUHO TANAKA PHOTOGRAPHY BY HIKARU OTAKE
ILLUSTRATION BY MAMEKO TYPOGRAPHY BY MIA

好きなことをやってみようと思って、イラストレーションの方向に進んだかな。
初めは右も左もわからなかったけど
Mameko

ヤングガンズは、泉有人（Yuto）と鈴木佑星（Yusei）が始めた愉快なランナーユニットだ。「どうもー、ヤングガンズです」という漫才風なオープニングから始まるPodcastは、2人のランニングライフや日常、ゲストとのトークを収録している。彼らは、走る、景色を見る、旅をする——そして人に会う。ひとたび喋り始めると、その勢いが止まらないデコボココンビが、会いたい人に会いに行く企画を本誌よりお送りする。今回のゲストは、元実業団の選手で現在イラストレーターとして活動する秋山桃子（Mameko）と、自身のラン

クルー『FLR（Friday Long Run）』を牽引するデザイナーのイ・ソヒョン（Mia）だ。午後8時、それぞれが仕事を片付けて原宿に集い、ゆるくリアルなトークを繰り広げる。

4人のそれぞれの印象は？

Yuto　MamekoとMiaは初対面だよね？　まずMamekoは、ヤングガンズのPodcastのロゴの似顔絵イラストを描いてくれているんです。めっちゃ似てる！

Mameko ヤンガンの2人とはレースで知り合って、仲良くなったのは確か2回目のときだよね。Yutoはまさかの年下ということが判明して、急に親近感が湧いた記憶がある。

Yusei Mamekoちゃんは、普段は柔らかい雰囲気なのに、いざレース本番になると、急に強いオーラを纏うギャップがすごいよね。

Yuto さすがは元実業団選手ですね。イラストを描いてるって知らない頃は、とにかくすごく速い女子ランナーがいるなと思ってました。Miaとの出会いも、ほぼナンパみたいな

もんで（笑）、逆に僕らの印象ってどんなイメージ？

Mia Yuseiはね、まずイケメン。年齢のギャップはあるけど落ち着いてるから話しやすくて。Yutoは髪型を変えて、出会った頃よりシュッとした。常に盛り上げ役だよね。

Yuto カッコ良くなった？　この1年で3回くらい恋したからね！　Miaは、いつも話を聞いてくれる相談役であり、おおらかなボスみたいな存在だね。

Mia 聞いてもないのに恋愛の相談とかしてくるじゃん。

Yusei Miaは、お酒が強いところもストロングポイント。

コミュニティで新しい世界が広がる

Mia Yusei っていつから走ってるの？

Yusei 気がついたらって感じなんだけど。スポーツコミュニティで月一くらいで走ってて、本腰入れて走り始めたのは昨年あたりかな。それまでは登山は好きでよく登ってたけど。

Yuto それはもう、僕と出会ってからでしょう！ 僕は東京にあんまり知り合いもいないときに、ランクラブの仲間と出会って、社会人になっても友達できるんやー！って感動した。練習会とかも、みんなに会いに行ってる感覚のほうが強い気がする。そしてそこでいろんな職業の人に出会えるのも嬉しいし、自分の知らないことにコネクトできるのも、面白い。世界中に友達ができていくよね。

Yusei Mameko ちゃんは、実業団でずっと活躍してたけど、辞めたあとは、どう過ごしてた？

Mameko 純粋に走ることが楽しいと思えなくなって、実業団を辞めて。そのあとは会社勤めもしていたんだけど、同時に、前から興味があったファッションとグラフィックが学べる学校にも通ってて。好きなことをやってみようと思って、イラストレーションの方面に進んだかな。初めは右も左もわからなかったけど。

Yuto ランニングとイラストってどっちが好き？

Mameko 今は、イラスト活動があってのランニングだと思っている。実業団をやめた直後は、自分の休息のためにも走ることから完全に離れていたけど……。表現活動のプロモーションをするときに、自分自身が広告塔になる以外の方法が思いつかなくて、またゆっくり走り始めた。ランを通して、イラスト活動を広げられる可能性があると思って。コミュニティで楽しく走ることに出会って、本気じゃなくてもいいんだって気づいたし、新しい世界が広がった。

Yuto あたらしい世界！ ミート・ニュー・ワールドだ！

Yusei Mia さんはなんで走り始めたの？

Mia きっかけは韓国の幼馴染みが教えてくれた『080TOKYO』だった。始めは身構えていたけど、参加してみたら意外とみんなクールで、それが心地よかった。そのうち『080TOKYO』のクルーのためのTシャツのデザインを任されて。私はプロダクトデザイナーなので、なんとなく「デザイナーだから作れるでしょ」みたいなノリでね。で

もみんなに喜んでもらいたくて、チームの雰囲気に合わせてクールなグラフィックを作ってました。そのうち自分が好きなテイストの表現もやりたくなってきて、だから自分のチームの『FLR（フライデーロングラン）』では自由にやってる。1人で大変だけど、やりがいもあるし、楽しいかな。

Yusei そして今回、Mia は誌面の『Litty Litty』のタイポグラフィックをデザイン、Mameko はイラストを描き下ろしてくれました！ 紙の上でスペシャルコラボしています。

Yuto すごい、2人ともありがとう！

ヤングガンズは1年前の目標を達成し、次の目的地へ

Yuto 僕ら1年前に、「100kmマラソン完走する」っていう目標を立ててたんですよ。そして2週間前、韓国のチェジュ島で開催されたレース『TransJeju by UTMB』を見事完走しました。想像してたよりも楽しかったな！

Yusei 思ったよりキツかった……。

Yuto ロードのレースだと競い合ったりするけど、トレイルだと未知数すぎて、助け合い精神が芽生えるというね。Yusei は下りが得意で、僕は上りが好きなんで、先頭を入れ替わったりしてね。詳しくは Podcast を聞いてもらって。

Mia ヤンガンって喧嘩とかしたことないの？ 長いレースで一緒に走ってて、バチバチしたりしない？

Yuto 話しかけてはいけないタイミングを、お互い何となくわかるようになってきている。

Yusei でも俺は、わかっててわざと話しかけたりもする。疲れさせたいんでね。まだ余裕がありそうなときはちょっかいを出しちゃうよね（笑）

Mameko トレイルのレースに参加したときは、波乱万丈だった。走ってる最中は二度とやらないと思ったけど、3日後には不思議と、また挑戦したいと思ったな。

Mia マラソンもそうだよね、もう出ない、と思うのに、その瞬間の感情をなぜか忘れてる。

Yuto ヤングガンズの名付け親でもあるトレイルランナーの井原知一さんと、3人で高尾山へ行ったんですけど、彼はとにかく速くて。あの境地に辿り着くには時間がかかるって思ったし、悔しかったな。

僕ら1年前に「100kmマラソン完走する」っていう目標を立てたんですよ
Yuto&Yusei

わざわざ声をかけて人を誘えないから
自然と集まれる自分のチームをつくった
Mia

Yusei 本気で追いつけなかった。でもトレランを始めるタイミングで、あんなすごい人と走ったからトレランの幅が広がった気がする。Mameko と Mia は、今がんばってることや、これからトライしていきたいことはある？

Mameko 私は最近は、家の近くの山に登って楽しんでいます。朝日を見たり、風や匂いを感じたりしてリフレッシュしてる。あと、私みたいな元実業団のメンバーが、第二の人生みたいに走れる場所があったらいいなと思って、今年は自分のチームを作って大会に参加したりもしました。

Mia デザインは、3D使って今までと違った表現で遊んでみたりしてる。あとはこれからYouTubeの配信を企画してやりたいかな。ヤングガンズの次のチャレンジは？

Yusei 100Km走ったので、次は100マイルでしょう。

Yuto 僕らヤンガンは、ランの世界の中心でとにかく自由に活動し続けていきたい。世界中のコミュニティが小さいサークルだとしたら、それらを全部自由に横断するような。そして進み続けること。Keep going！からの？

Yusei Keep running！ Ⓛ

* 080TOKYO：東京を拠点とするランニングクルー。年齢、性別、職業、国籍を超えた多様なバックグラウンドをもつメンバーが集まる。

YOUNG GUNS
（ヤングガンズ）

Yusei と Yuto のユニット。通称ヤンガン。「Young guns」が「Old farts」へ成長するストーリーをPodcastでお届け中。
Ⓘ @youngguns_podcaster

YUSEI（鈴木佑星）

青森県出身。アウトドアアパレル勤務。ヤンガンではツッコミ役。長髪と眉毛がトレードマーク。
Ⓘ @saboooo__0527

YUTO（泉有人）

大阪府出身。会社員。水曜日はランニングチーム TRACK BEATS で練習している。恋多き男。
Ⓘ @yuto_is_me

MIA（イ・ソヒョン）

ソウル出身。プロダクトデザイナー。自身のクルー Friday Long Run では、グラフィカルな動画を発信している。
Ⓘ @eee.so @friday_long_run

MAMEKO（秋山桃子）

神奈川県出身。走るイラストレーター。ランニングチームのロゴやキャラクターをオーダーメイドで制作している。
Ⓘ @mameko__design

DO YOU THINK THAT'S WISE?

それって賢いと思う？

WORDS BY SARAH BARKER   PHOTOGRAPHY BY JOE AMON   TRANSLATION BY MIKU SUZUKI

何に挑もうとコートニー・ドウォルターは周りをあっと言わせ、新境地に到達するために自分の限界を押し広げてきた。ライターであるサラ・バーカーが今や誰もが知る世界でもトップクラスのウルトラランナーであるコートニーを知ったのは、彼女が自分の娘と同じ高校に通っていたときで、コートニーの冒険を保護者的な目線から見守ってきた。コートニー・ドウォルターの限界はどこで、なぜそれを押し広げようとするのか？　苦しむことは本当にいいことなのか？　サラはコートニーに電話してみた……。

———————————

時は1997年11月、ミネソタ州ノースフィールドを灰色の空が覆う。州立高校のクロスカントリー大会の気温は薄ら寒い華氏33度（摂氏0.5度！）である。娘を応援するために来ていたが、そのレースで見事10位でフィニッシュしたのは中学1年生の子だった——コートニー・ドウォルターだ。

学生アスリートの我が子のように、コートニーは耐久力を試すような日々を辿った——クロスカントリー、ノルディックスキー、陸上——ただ得意なのはスキーのようで、4度、州チャンピオンになっていた。なので何を言わずとも、彼女のことはパスタパーティーの日のことやレース前に三つ編みをする時間のことなどから知っていて、なんというか、レターマン・ジャケットを粋にまとう周りの子たちとさほど変わらないように見えた——生まれながらに運動神経がよくて、チームメイトとトゥイズラー（Twizzlers）から同じくらいのモチベーショ

ンを得ているように。

その頃から2016年のあいだで何かが明らかに変わり、コートニーはウルトラランニングのステージに大きく躍り出し、その年にエントリーした11のウルトラマラソンのうち8つで勝利、うち3つでは過去の記録を塗り替えた。さらにそのとき、彼女はまだデンバーで理科の教師としてフルタイムで働いていた。そこからコートニー・ドウォルターはウルトラランニングにおける重要人物の一人となったのだ。

いまも悪ふざけをするような、常に笑い転げている、スマホゲーム好きのミネソタ出身の子だけれど、彼女にはもう一つの顔がある——意志の強い冒険家で、人間の忍耐の崖っぷちを探る意欲に溢れている。こういった類の探求は計り知れないほどの身体的負担を伴う——膝を覆うように見える大腿四頭筋、ぺろんと剝けた足の皮、立て続けに襲う嘔吐。2020年のビッグズ・バックヤード・ウルトラ（sufferfest）という過酷なお祭りでは限界地点を283マイル（455km）まで延ばし、睡眠は68時間のあいだ、数分ずつしかとらなかった。さらに先へと進む方法を企てながらも、足はもとのサイズにすら戻っていなかった。

精神と肉体の限界を心から受け入れている人間として、コートニーにこの話題を振る義務がある気がした。母性的なものからかもしれない。

———————————

過去の会話でコートニーは自分を限界まで追い込むことに

好奇心に火がついたのは、
無理そうに聞こえることって意外とできちゃうのかも、
と突如として気づいたから

おいて底なしの好奇心があると口にしていて、私は常に「それって賢いと思う？」と聞かないように努めてきた。任務を断念する気配も、私の忠告に丸めこまれる気配もなかったので、"限界"のあれこれについて再び話すいいタイミングだと思った。電話をして、コロラド州レッドヴィルの自宅にいるコートニーに近況を聞いた。

──高校の頃、競争心が強かったのは覚えているけど、ハイマイレージを走るとか、並外れたことをしているような印象はなかったよね？

そうね。まあ、たくさん走ってたけどね。中学1年生の頃にはクロスカントリーと陸上とスキーのチームに入っていて、そこから中学、高校と続けたけど、ハイマイレージは走ってなかった。

──ということは、3日間ぶっ通しで走ってはいなかったってこと？

走ってなかったね。ウルトラランニングというものすら知らなかった。

──この勢いの源泉について知りたい──周りにいるほとんどすべての人と違う道を進んだきっかけを。たとえばホプキンス（高校）の元チームメイトの大半は、26.2マイル（42.2km）とその後のビールで満足しているじゃない──いつ、そしてなぜそれじゃ足りないと思うようになったの？

大学を卒業してから、たくさんの人がやってるってことを理由に、いくつかのロードマラソンにエントリーしたの。正直、走り切れるかもわからなかった。26.2マイルには打ちのめされたし──足がもげちゃうかと思った。走り終わるとそんなことは起きなくて、最初のドミノが倒れた。難しすぎる、無理だ、と思ってたけど、そうじゃなかったからこう思った。「他に何ができるだろう？」

そのときに好奇心が刺激されたの。マラソンのタイムを縮めたいわけではなくて、あとどれくらい先に進めるかってこ

とに常に集中してた。好奇心に火がついたのは、無理そうに聞こえることって意外とできちゃうものかも、と突如として気づいたから。私にとってそれがウルトラランニングで、50kmに申し込んでみた──それもまた、やり切るまでは不可能だと思っていたことだね。

それからは自分に「次は何をしよう？」って問い続けた。

──2012年のラン・ラビット・ランであなたが棄権したときのことを思い出している──あれはなぜだったの？

あれは初めての100マイル（161km）だった。距離を少しずつ延ばしていって、より長く走れるようになるたびに驚きを覚えた。ラン・ラビット・ランでは脚が痛み出して、足の裏も痛くなり、体がぼろぼろになっていくのを感じた。マインドがネガティブになり、100マイルなんて走れないって自分を納得させようとしたの。こんな風に考えていた。「こんなのふざけている。やめたほうがいい。これを限界として受け入れるべきだ。50マイル（80km）でいいと思うべきだ」

ネガティブなスパイラルに陥り、やっとの思いでエイドステーションに着いたらブレスレットを切り、棄権した。メンタルが弱くなっていて、そういう状態に自分を追い込んでしまったの。いま思えば体調は普通だったし、100マイルを走ってることはそれくらい負荷がかかるものなの。ただそれが何を意味するのか、いまひとつ掴めていなかった。

──乗り越えられないものに感じたってこと？

そう。こう思っていた。「こんなに走れるわけがない。50マイルだったらこんなに痛みを伴わないはず」。それでネガティブな思考がふくらんでいったの。

──100マイルレースにおける"普通"はどうやって自分のなかで再解釈したの？

100マイルをもう一度やろうと思うきっかけはいくつかあった。まず私がレースを棄権した場所が割とアクセスの悪いところで、数時間、車が来るのを待たなきゃいけなかったの。そのあいだ、エイドステーションに駆け込む人たちを眺めて

やってみないと限界もわからないから、
そこまで行ってみたいの

いられる特等席にいた。覚えているのは、みんなすごく疲れていたし、大変そうだったけど、誰も諦めていなかったってこと。自分たちを追い込み、問題を解決しながら、フィニッシュラインに向かって進んでいた。もう一つは、棄権したことに居ごこちの悪さを感じていたこと。大変になった途端やめてしまった自分が気に入らなくて、もう一度試してみて、本当にできるかどうか確かめなきゃと思った。その二つのことから、すぐさま次の100マイルへの挑戦に向けて申し込んだの。

──次の100マイルで痛みを感じはじめたとき、マインドはどう対処した？

2013年にスーペリア100に申し込んだとき、考え方がどれだけ大切かわかっていたし、ネガティブな思考を遠ざけることがフィニッシュラインに到達するうえでの鍵だと思っていた。どれだけ辛くなろうと、100マイルを完走するって心に決めていた。走っているあいだ、やっぱりものすごくきつくなったの。ランの最後の10マイルは辛すぎて泣いていたけど、強い心をもち続けることができたから、前に進めた。あのレースからはたくさんの学びがあって、完走することが楽しみで仕方なかった。2012年に途中棄権に終わったこと、その後、2013年に100マイルを完走できたことはウルトラランニングのメンタルゲームを理解しはじめるうえで、大きな一歩になった。

──あれから10年が経ったいま、苦しまずに100マイル以上のレースに向けて準備して、走る方法をものにできた感じ？

いや、まだ辛い思いはしたい。大変な思いをするために、自分を追い込むの。100マイル走ることが簡単になったわけじゃない──楽勝ではない。体はいまも堪える。精神的に得てきたことがあるだけだね。より準備が整った状態で挑めるの。

──待って──苦しみたいの？

もちろん！　だからとてつもなくハードなことにチャレン

ジするの。私たちは自分たちの可能性を知らずにいて、やってみないと限界もわからないから、そこまで行ってみたいの。苦痛の洞窟って呼んでる──それは身体的に、これ以上行けないという地点。そこまで行くと脳が乗っ取られ、心を削りながら体を動かしていく。私の目標は、苦痛の洞窟まで行って、なかに入り、それを大きくしていくこと。そのたびに、自分のなかにもっと深く入っていけることを期待している。

──200マイル（322km）以上走ることにおいて、鮮明に思い起こすもう少し現実的な側面について教えてほしい。体はどうなるの？

まあ、膝は腫れ上がって、手と足はむくむ。足の裏はぼろぼろになってやわらかくなるので、どんな石ころにも傾斜にも敏感になる。睡眠不足にもやられる──眠りと目覚めの狭間にいる感じで、靄がかかる。たまに胃腸に不調が起きて食べ物が体内にとどまらなかったりするから、いろんな食べ物を試して何が合うかを見極めないといけないの。

──そういう状態を"苦しみ"ってとらえている？　たとえば「うわ、まじで足痛いな」とかはどう？

不快感の一部は無視してる。なぜなら注意を向けたり、大げさに考えたりすることはフィニッシュラインに到達するうえで何の助けにもならないから。苦しみととらえるよりも、苦痛の洞窟をイメージすると、いっきに生産性が上がる。目的があるような気がする。苦痛の洞窟を突き進んでいくことができる。タガネを手に取り、洞窟の奥まで行ってより深く掘っていくことをイメージするの。洞窟を掘るたびに石の山ができていくから、痛みには意味がある。次に戻るとき、自分のポテンシャルはもっと大きなものになっている。毎回同じ洞窟に戻るから、たとえば7月にレースを走ったとしたら、10月に再び苦痛の洞窟を訪れるときには前回の続きからはじめられる。さらなる精神レベルを築いたことになるの。

──苦痛の洞窟を少しずつ砕いていくことについて言うけれども、私は、これまで話してきた症状は体がやめてって言っ

まあ、人生は短いからね。
好きなことで埋め尽くしたほうがいいと思うの

ているように思ってしまうのね。限界を探るってことは、危険な要素もはらんでいる。自分がしていることが危険だと思ったことはある？

　危険だと思ったことはない。長いこと生きたいと思っている。リスクを伴うような状況に身を置こうとは思っていない。そんなことが起きた場合は——後戻りできないところにいるような気がしたら——筋道を立てて考えるようにしている。

——話題に出るだろうと察しているであろうレースについて触れるけど、2017年のラン・ラビット・ランでは、次第に目が見えなくなり、倒れ、絵になるような怪我を頭に負いながらも走り続けたよね。

　ああ、そうね。視力を失った状態で走るのは、普段からそうしていない限りはおすすめしない。それは認める、あれは理想的ではなかった。私の理屈は、トレイルを知っていたってことと、探しようのない山奥で消息不明になってしまうような崖や交差点があるわけでもなかったってこと。このトレイルをそのまま進んでいけば、次のエイドステーションに着けるとわかっていた。困ったときは、論理性をつかさどる脳を優先的に働かせるようにしている。

——まあ、でも、ロジックと思考の明確さっていうのは、3日も走っているとあやふやになってくるものよ。

　それもそうね。辛くなっても自分は理路整然と物事を考えられるんだ、と信じることを学んでる感じかな。ものすごく長くて、難しいことに取り組むときは、基本的にクルーが一緒なの。彼らも私と同じくらいフィニッシュラインに行き着きたいんだけど、いろんなアイデアを交換したり、理屈ありきで考えたりするうえで、助けになっている。

——ママにこんなこと言われたりしない？「ねえコートニー、あの教師の仕事のことだけど……幻覚を見るほど教えまくったことってなかったよね。あれはあれで、案外悪くなかったんじゃない？」

　両親はものすごく協力的なの。楽しいことだって思ってく

れている。参加したり、もっと知りたいと思ってくれてる。実は母と一緒に50マイルのトレイルレースに申し込んだの。自分にもできるかどうかが知りたかったみたい。ゼッケンをつけて走るのがどんな感じか、体験してみたいらしい。

——じゃあ幻覚を見ていることとかについては、そんなに心配していない感じ？

　私のことを信頼しているし、信じている。彼らは私が悶え、大変な思いをしている暗い時期も見ていて、でもそういうときこそ彼らに会って、笑い合って、冗談を言い合うと、これがしたいことなんだ——自分を追い込みたいんだ——というのがわかるみたい。

——限界についていくつか言いたいことが——限界を知る方法はその先までいくことだけど、その頃にはこの世に戻って来れなくなることもある。だって限界に達した人のデモグラフィックって、ほとんど亡くなっている方でしょう。

　え、ちょっと待ってよ！　なんか不吉な感じね。どうとらえられるかはわからないけど。長く、長く、この世にとどまりたいとさっき言った気が……。

——言ってた。べつに自滅的でおかしな子って言いたいわけじゃないの。でも99.9%の人たちは限界地点の周辺にすらいないので、意図してそういう色彩に富んだ状況に自分の体を置くのは……危なっかしい気がするの。

　まあ、人生は短いからね。好きなことで埋め尽くしたほうがいいと思うの。私の夫も私もそう生きようとしている。毎日を十二分に生きて、ドキドキ、ワクワクすることを詰め込む。向こう見ずなことをしているわけではない。とはいっても、山は人のことなんて気にかけていないからね——トレーニングのときに何かが起きることもあるから、できるだけ準備体制を整えるようにしている。

——もっというと自分の限界を常に押し広げているよね——2018年のビッグズでは279マイル（449km）走り、2020年には283マイル（455km）走った。2020年にハーヴェイ・

「いま、足があるところに集中、いまに集中」

ルイスが抜けていなかったら、そのまま突き進めていた？

そうだね。どこまでいけたかっていうのは言い切れない。頭のなかでは、切り上げるつもりはなかった。まだ機械的なルーティンにはまっていて、フィニッシュのことは考えていなかったの。一方で279マイル走ったときは、ある地点に至るまでエネルギーが減ってるって自覚がなくて、いきなり燃え尽きたの。その日にならないとどこまでいけるかってわからないんだよね。

——前回以上のことができたときや、新境地を切り拓いたときはどんなことを考えてるの？

基本的にはその瞬間にとどまるようにし、足の位置に集中して、あまり先のことを計画したり、残りの距離にとらわれすぎたりしないようにしている。次の数ステップすらも考えない。時には声に出して、思考をそこから引き離す。「いま、足があるところに集中、いまに集中」。鶏の卵が孵化する前から何羽かって数えたり、このままいけるわけがないと考えたりするのって——いずれも役には立たないの。

——レースには終わりがある。ビッグズ（バックヤード・ウルトラ）すらも選手が全員棄権すれば、終わる。さらなる高みを目指すうえで、FKTや24時間レースも視野には入れている？

もちろん。どっちもやったよ。脳と体の連動性を同じようにテストできる楽しい方法だよね。160マイル（257km）のFKTループをやって、500マイル（805km）のコロラドトレイルにも挑戦してみたけど、フィニッシュできなかった。24時間レースもあるし、48時間……6日間のレースもある。心が沸き立つうえに、腕試しまでできるクールな選択肢っていくつもあるよね。FKTルートは自分にとってかけがえのない場所でやったりするから特別だし、個人でも小さなグループでもできるから人生の愉快な思い出にもなる。

——バリアを突き破ることって、体や脳よりもテクノロジーだったりする——たとえばゴム製のトラックだとか、靴のテクノロジーだとか。あなたは先に突き進むツールとして、苦痛の洞窟用のタガネ、耐え抜く力、脳を頼りにしているように見える。合っているかしら？

そう。それが欠かせないツールだね。あと、冗談。

——何か冗談を聞かせて。

あはは。ごめん、私の冗談を聞きたければ一緒に走ることね。

——そりゃハードルが高すぎる。競技としてのウルトラランニングには期限がある。人間の限界の範囲内で暮らすことで満足いくと思う？　それとも編み物とかほかの分野でまた自分の限界地点を探る予定？

あ！　そういえば高校の頃、帽子を編んだことがあったな。結構おもしろいもの作れるよね。先々どんなことをしているかは想像もつかない。自分の人生にこんな章があるなんて思いもしなかったから、次の章で何が起きるかは予測しないでおこうと思う。 🅛

SARAH BARKER（サラ・バーカー）
あらゆる角度からランニングを取り上げることに重きを置く、フリーランスライター。歴史的価値のあるものとして保存されている。

DOYOU CLUB & ME

WORDS BY KIYOSHI MAEDA PHOTOGRAPHY BY MASAHITO WATARIGUCHI & RONALD ANG

恋する代々木公園

この原稿を書かせてもらうことになった時、ブルース・チャトウィンの『どうして僕はこんなところに』（角川文庫）のことを思い出した。彼が世界を旅しながら執筆した小説を集めた短編集だ。10年以上前に古本屋で買ったけれど、中身はあんまり覚えていない。ていうか、ほとんど読んだ記憶がない。僕は色々なことを忘れてしまうのだけど、その忘れっぽさは「土曜倶楽部」というランニングコミュニティについても当てはまる。このグループを4年前に始めた理由も、あんまり覚えていない。ただただ誰かと走りたい、とても強くそう思った記憶だけがある。土曜日の朝の代々木公園で、最初は二人だけだったけど、ほんとうに楽しかっ

た。だからとにかく毎週続けてみたら、50人を超えるランナーたちが来てくれるようになった。そのうち10人ほどは、世界各地からやってくる旅人たちだ。

走ることは旅すること

旅人と出会うことは、自分にとっても旅をしているようなことなんだ。「土曜倶楽部」をやっていてそう思う。毎週旅をしている人々に会うと、世界各地をぐるぐる回っている気分になる。もっというと、毎週のように会うレギュラーメンバーと走っていても、旅をしている気分になる。前回会ったときからお互いに色々と変わっていることもあるからだ。1週間前はイスタンブ

ールで出会ったけれど、今週はカッパドキアで偶然ばったり！ 調子はどう？って感じで、次の目的地で再会する気分に似ている。人と出会い、その人を通して世界を見る。ランニングも旅も移動するアクティビティで、僕にとっては同じことだ。僕が書いていることって、大袈裟だろうか？

恋に落ちた二人

土曜倶楽部では、走る前に必ず参加者の前で「自己紹介」をしてもらうのだけど、こんなやりとりがあった。「皆さん、おはようございます！ れんこです。実は今日が誕生日で、30歳になりました！」
歓声と拍手でランナーたちがれんこ

さんを祝福した。そして、「ピーターです。今日はぼくの彼女の誕生日で、ぼくもめちゃめちゃ嬉しいです！」とピーターが続ける。れんこさんとピーターは恋人同士で、土曜倶楽部で出会い、恋に落ちた二人だ。僕のスマホにある写真をさかのぼって調べてみると、彼らの出会いは2022年3月19日（土）、午前9時の代々木公園・時計塔の下だった。渋谷の街をグループランした後、公園近くのカフェでみんなでお茶をした。そこで、二人が一緒に写っている写真を発見した。二人ともマスクをしている。そうだ、この頃はまだパンデミックの最中だった。特筆すべきは二人の距離感で、同じベンチに腰掛けながら、初対面にもかかわらず肩と肩が触れ合っている。当時の言い方で表現するなら、この距離は完全に密だ。

その2カ月後、れんこさんとピーターは恋人同士になっていた。その事実を僕はどうやって知ったのだろう？ あんまり覚えていない。風の噂かもしれないし、本人たちから聞いたのかもしれない。それから二人は揃って代々木公園にやってくるようになったけど、パッタリと見かけなくなることもあった。特に夏場は足が遠のくみたいだ。毎日が暑すぎた今年の8月、走り終えた僕は、代々木公園の芝生の上で、二人とも元気かなあ、と滝汗をかきながら思ったこともある。

継続的なことから生まれるもの

カップルがどう過ごしているかなんてSNSを見ればすぐわかる——そう思っている方もいらっしゃるだろう。だがタイムラインで知ることができるのは、仲睦まじい姿のみで、「大ゲンカしました！ 大好き！」とか「相手にものすごく幻滅しちゃいました！ 大好き！」というような投稿は、僕はこれまで一度も見たことがない。

人を好きでいる、ということは継続的なことなのだと思う。好きになり、大した理由もなくその人のことをもっと知りたいと思い、段々とその人のことがわかっていく。期待以上のこともあるし、がっかりもするし、裏切られた、と思うときもある。日々その繰り返しだ。れんこさんとピーターも、僕の知らないところで色んなことがあっただろう。ケンカもしただろうし、今もまさにそうかもしれない。期待外れでヤキモキしたこともあっただろうし、今もまさにそうかもしれない。そんなことをぐるぐると考えていた秋のはじめ、二人はおよそ2カ月ぶりに土曜倶楽部へやってきた。二人の距離感や、ランナーたちへのふるまいなど些細な

ことを通して、彼らの仲が深まっていることが伝わってくる。時間を共に過ごせば過ごすほど幻滅することがあるかもしれないけれど、それ以上のものを相手にも自分にも見いだしながら過ごしてきたんだ。人を想うことは尊い。僕は代々木公園の芝生の上で、二人のことを眺めながらそんなことを考えていた。

チャトウィンは世界各地を旅しながら、出会った人々のことを綴った。僕は「土曜倶楽部」という日常を旅しながら、出会った人々について綴っていきたいと思う。🄛

KIYOSHI MAEDA（前田聖志）
東京のランニングコミュニティ「土曜倶楽部」主宰。本業は映像プロデューサー／ディレクター。『GQ JAPAN』『WIRED』日本版の映像企画職を経て、2024年にフリーとして SATURDAYS 設立。1978年生まれ。宮崎県出身。
📷 @maetokyo
📷 @doyou_club　saturdays.jp

DIGTRIO

新潟からこんにちは ①

柔和でソフトがいい……?!

WORDS BY DIGTRIO　PHOTOGRAPHY BY AKIRA YAMADA

　ディグトリオは、知識のスコップを片手にカルチャーを深掘り（ディグ）する3人組だ。*Like the Wind*日本版02号に続き、今号でも3人の会話をお届けする。今回のキーワードは、「自信のなさと、柔和さ、あるいは燃焼」だ。

シンジ　ディグトリオです。こんにちは。突然ですが、まわりに「キャップ・ヒゲ・メガネ」おじさんっていないですか？

佐藤　それしかいない。いわゆるカルチャー界隈には。
シンジ　個性があって、カルチャーに詳しい雰囲気を出せる。それがコモディティ化してるっていう話をしたいな。どう思いますか？

隠蔽のための鎧

佐藤　僕は消防職員なのでヒゲはダメなんだけど、メガネとキャップだけでも個性を出せる。キャップだと好き

なロゴとか名言を背負って「こういうの好きです」という表明ができる。

シンジ 俺はキャップは「隠すためのもの」でもあると思う。髪が薄くなる。でも、出かけるときは格好良く見せたいっていう欲求もある。そういうことを隠すためにキャップをかぶるんです。

ナベ カルチャーとか言ってるけど自信がない。自信になるものが何もないと顔もつるんとしてる。でも、メガネは「僕の目ここです」って強調してくれる。そうやって自信のなさを覆い隠している。キャップとヒゲとメガネの3点セットは、表明でありつつ、鎧だね。

アンニュイさの量産

ナベ 俺、いまキャップとヒゲとメガネなんだけどさ。キャップは髪をセットしなくていい。ハットと違って「少

年の心」ありますよ、気が抜けてますよってアピールもできる。

シンジ それは何のために？

佐藤 居酒屋ででかい声出してて「おじさん」って調子乗ってるイメージがある。見た目がトゲトゲしているとさらに良くない。でも「私はソフトなんです」という印象を与えられる。ヒゲとメガネとキャップで。無害ですよと。

ナベ 楽だしね。髪をセットするよりキャップかぶるほうが楽だから。そうやってアンニュイなアイコンが生まれて、それを見た我々みたいなフォロワーが真似をして、同じような人たちがいっぱい出来上がった。

シンジ 黒縁メガネって量産されてるもんね。

佐藤 ウェリントンかボストンかの2択だし。ツーブリッジの人もいると思うけど。

シンジ　キャップとメガネで柔和だもんね。

ナベ　そう、このままだと自分もカルチャー気取りおじさんになるのは確実だよね。運動してバイタリティを上げたいと思った。キャップ・メガネ・ヒゲで装ってるけど、俺、多分、ジャングルジムとかで遊んでるほうが楽しい。

シンジ　分かった気になって俯瞰して上から見ているよりも、渦中に飛び込んでもがいてるほうが楽しいってことか。

ナベ　そう、だからマジで走ろうって思った。

佐藤　ナベさんは、走りまくってヒゲ剃ったらカッコよくなるって思います。ヒゲに頼るなと。シンジは？

シンジ　渦中に飛び込んで汗を流す。これです。そうやって楽しんでいたら、別の遊び心も出てきそうだし。

佐藤　当事者になったほうがいいですね。俯瞰するよりも。

ナベ　ヒゲ・メガネ・キャップに逃げない。

シンジ　ちょっと丁寧な暮らしからは距離を置く。柔和に逃げない。

佐藤　インテリアにお金かけて快適に暮らすのはいつでもできるから。もがこうと。

シンジ　体が動くうちに、心も燃やしたいってことですね。

佐藤　体動かすの得意だよね。僕たち。Ⓛ

シンジ　何か分かってきました。

ナベ　フワフワ、安心、けだるさみたいな。

佐藤　優しく柔和で、楽にいようと。

ナベ　その路線でモテたいと思ってしまう。でも、三種の神器はその下心も隠してくれる。

佐藤　諦めているようで下半身は膨らんでいる。

燃え上がる

シンジ　じゃあ、今俺らが目指すべきところはどこなのか。

ナベ　グループランを初めてやったんですよ。色々な人と交流できて。キラキラしていたんですよね。コミュニティ、うらやましいって思っちゃって。心の底から。

佐藤　イベントでリスナーと下北沢を走ってね、気持ちよかったですね。

ナベ　そう。俺ってキラキラが足りないなって。

東京でのグループランの様子。

ポッドキャスト番組『ディグトリオ』

いま私たちが触れている「音楽」「ファッション」「映画」「漫画」などのカルチャーをさらに深く楽しむことができるようになる――そんな番組を目指しています。

> Feminism is about the change in the world, to dismantle the systems of oppression. It's relevant to everyone.
> —Maya

15 Futuress has their "Care Guidelines" to make the community a safe space for everyone. One of the guidelines refers to the linguistic privilege. "We communicate mostly in English, even though English rarely is the first language of community members. Native English speakers should therefore be aware of their privilege and remain sensitive to how they exercise power through words."

16 bell hooks (Gloria Jean Watkins) is an American author, feminist theorist, and social critic. She has written, "Ain't I a Woman: Black Women and Feminism", "Feminist Theory: From Margin to Center", "Feminism Is for Everybody: Passionate Politics", and many more.

Troublemakers

E.T. と借り物競争

WORDS BY YUTO MIYAMOTO

In the first issue of Troublemakers, we met Remy Nitta, an Osaka-based American trans woman; Maya Sekine, a Japanese indigenous people Ainu culture advocat; Christian Cohle, an Irish singer-songwriter; and Mio Kojima and Maya Ober, co-directors of a Switzerland-based intersectional feminist platform Futuress. Also, we introduce German photographer Tamara Eckhardt's photo documentary about an Irish minority group called Travellers and Japanese artist Taro Karibe's essay on his depersonalization.

『Troublemakers』No.1では、大阪にはじアメリカ人トランス女性のレミー・ニッタ、アイヌ文化を発信する関根麻耶、アイルランドのシンガーソングライター、クリスチャン・コール、スイスを拠点とするインターセクショナル・フェミニスト・プラットフォーム「Futuress」の共同ディレクターである小島 海とマヤ・オウバーに会いに行きました。そのほか、ドイツ人写真家タマラ・エクハルトによるアイルランドのマイノリティグループ「トラベラー」を捉えたドキュメンタリー写真と、日本人アーティスト苅部太郎が自身の離人症について綴ったエッセイを掲載しています。

Troublemakers
N°1

振り返れば、いろんな場所を走りながら『Troublemakers』をつくった。ダブリンのフェニックス・パークをときおり鹿に出くわしながら走り、リスボンの海岸沿いを潮風と強い日差しを受けながら走った。札幌の豊平川沿いを地元のランナーたちとすれ違いながら走り、東京では朝の砧公園を散歩中のわんこを眺めながらぐるぐると走った。『Troublemakers』はミスフィッツ（はみ出し者）のストーリーを伝える雑誌であって旅雑誌ではないので、誌面に走りながら出会った景色のことは出てこない。けれど、雑誌と、それを構想しながら過ごした場所の記憶は僕のなかでぴったりと結びついていて、『Troublemakers』ができるまでのことを思い出すと頭にはこうした情景が浮かんでくる。

走りながら考え事をするという人もいるけれど、僕には向いていないみたいだ。集中して何かを考えようと思っても、考えは雲のように浮かんでは消え、決してまとまらない。だから残念ながら、走っている間にすごいアイデアを思いついた！みたいなことはない。その代わりに僕は、走るときはたいていAirPodsを着けて、お気に入りのポッドキャストでインタビューを聴きながら走る。頭を空っぽにして、リズムよく身体を動かしながら、ただただ誰かの話に耳を傾ける。そうすると、その人の言葉が頭に、身体に、流れるように染み込んでくる。

『Troublemakers』をつくっているときによく聴いていたのは、『Stack』というロンドンを拠点にするインディペンデント雑誌のサブスクリプションサービスが配信しているポッドキャストだった。創業者のスティーヴン・ワトソンさんが、世界中のいろんな雑誌のつくり手をゲストに呼んで、制作の裏話や雑誌に込められた想いを引き出していく。会話はほぼ編集がされていないから、ゲストの生の声が、その呼吸やテンポも含めて伝わってくる。それらの会話を通して、僕は学ぶことになった。『MacGuffin』がなぜオブジェクトの視点で見る新しいデザインのナラティブをつくりたかったのか、『Lindsay』がどのようにパーソナルでグローバルなストーリーを集めているのか。それから、『te』がいかに誌面上で中国語と英語のバイリンガルの世界を立ち上げているのかを。ゼロからの雑誌づくりは初めてだった。その正解も目印もないコースのなかでガイドを務めてくれたのは、僕が一方的に憧れる「インディペンデント雑誌

の先輩たち」の言葉だった。

　雑誌をつくることは走ることに似ている——とかっこいいことを言えたらいいのだが、僕が雑誌をつくっているときにイメージをしていたのは、鹿のように颯爽と大地を駆け抜けるランナーの姿ではなく、賑やかで巨大な借り物競争をしているところだった。お目当てのものを探して駆け回り、その過程でたくさんの人と出会い、見つからなかったり、見つけたと思ったら違ったり、運んでいる最中に落としたり、なくしたり、またそれを見つけるために悪戦苦闘したりしながら、両手いっぱいに借り物を抱えてヘトヘトになりながらゴールする。それはスマートとは程遠いプロセスで、自分にできることよりは、自分にできないことを思い知らされる失敗の数々があった。けれど、ひとりの力では決してゴールできなかったからこそ、なんとかこうして1冊をつくり上げてみて思い出すのは、僕らが勝手に始めた借り物競争を助けてくれた人たち——僕の英語の先生である大阪在住のトランス女性から自身のルーツであるアイヌの文化を発信する方まで、人生の貴重な時間を使って個人的な話を聴かせてくれた人たちや、写真や翻訳や校正といったスキルを使って一緒に雑誌をつくってくれた人たち——の顔なのだ。

　雑誌がおもしろいのは、そんな借り物競争で借りてきたバラバラなものたちからマジックが生まれるからだと思う。E.T.が物置のがらくたを集めて即席の通信装置をつくってしまうように、一つひとつはパワーをもたない借り物たちが特別な力で組み合わさることによって、ずっと遠く離れた星とも連絡が取れる装置に生まれ変わる。願わくば『Troublemakers』のシグナルも、どこかの誰かに届いていますように。そのマジックを求めて、僕はまた次の借り物競争を走り始めるのである。Ⓛ

———————————

YUTO MIYAMOTO（宮本裕人）

フリーランスのジャーナリスト、編集者、翻訳家。ミスフィッツのストーリーを伝えるインディペンデント雑誌『Troublemakers』共同代表。
📷@troublemakersmag　troublemakers.me

MAIN QUEST

〈続〉フローズンヘッド・ステートパークの光景

WORDS BY TAKAFUMI YANO & *LIKE THE WIND*　PHOTOGRAPHY BY SHO FUJIMAKI

「バークレー・マラソンズ」は、完走率1％未満の世界でも最も難しいレースのひとつだ。過去5度の"失敗"を経て、プロトレイルランナー井原知一が再び動き出した。そして、フォトグラファー・藤巻翔と共に新たなドキュメンタリー『メインクエスト3』のクラウドファンディングプロジェクトをスタートした──それは一体どんなものなのだろう？

アジア人初のバークレー・マラソンズ Finisher を目指して

100マイル77回──生涯で100マイルを100回走ることを目標にするプロトレイルランナー井原知一の2024年12月時点での戦績だ。

これまでリタイア（DNF）したのはバークレー・マラソンズとレヴェナント（ニュージーランド）のみ。出ると決めたレースは確実に完走してきた井原にとって、バークレー・マラソンズは唯一複数回DNFしているレースだ。

リタイアして「葬送のラッパ」が自分に向けて吹かれた瞬間から、井原は次のバークレーまでずっと悔しさに苛まれ続ける──そして、寝ても覚めてもバークレー・マラソンズ中心の生活が動き出す。

「走るたびに、その魅力は増していくばかりです」

そう語る井原の2023年のバークレー・マラソンズ出走を記録したのが『メインクエスト』だ。今回の続編『メインクエスト3』では、井原の出走を目指す過程からフィニッシャーとしてイエローゲートにめぐり着くまでを描く構想だという。

そして、バークレーは藤巻翔にとっても挑戦の多いプロジェクトだ。「プレス（メディア）というとさぞかし（大会からも）歓迎されるのかと思いきや、バークレーでは、"招かれざる客"として扱われます。ランナーが、あらゆる制約のもと挑戦するように、プレスにもさまざまな制約がある。そ

こでいかにいい映像を記録できるか。自分にとっても挑戦です」。

バークレー・マラソンズは誰もが走れるレースではないが、クラウドファンディングで井原と藤巻の夢を応援し、追体験するのもまた楽しいはずだ。

夢を見よう──それを現実のものにしよう、一緒に

詳しくは、以下のサイトで追ってほしい。🄛

井原知一・藤巻翔の
『メインクエスト』
続編プロジェクト始動

関連情報もチェック

● Vimeo公式サイト『メインクエスト』
（2024年1月7日公開）
● Like the Wind 日本版 Vol.01、02（木星社）
● 書籍：『THE FINISHERS 』
（木星社・2025年春刊行予定）
● 木星社ポッドキャスト番組『Thurday』
シーズン1 Episode 04

VOICES
from Tokyo ④
退屈な毎日が急に輝きだした

WORDS BY KEI KUWABARA　ILLUSTRATION BY MARIE WATANABE

　10月初旬、BAMBI100（以下BAMBI）というイベントで100マイルを走るため僕は奈良にいた。「誰にでも挑戦しやすい100マイルを。」を掲げるこのイベントには"100マイルを走ったことがない、もしくは前回完走してから5年以上経っている"ランナーのみが参加できる。

　トレイルの100マイル（160km）って、一朝一夕には走れないけど、年単位の準備を積めば完走できる絶妙な距

離で、その"途方も無いことなのに手が届く感"に魅了されて多くのトレイルランナーが「いつかは100マイル」と夢を見る。彼ら彼女らにとって「100マイル」という単語は特別な響きをもっているのだ。

それでも日本の100マイルレースは、厳しいコース設定や高額な参加費などから挑戦のハードルが高い。そこに現れたのがBAMBIだ。レースではなく順位のつかないセルフチャレンジが目的のそのイベントは、獲得標高6000m・制限時間40時間という設定で、イベントコンセプト通り他の100マイルに比べてとても挑戦しやすい。

さらにBAMBIが素晴らしいのは"前回完走してから5年以上経っている"セカンドチャレンジのランナーも対象としている点。僕は今回このセカンド枠で参加権を得た。

僕が最後に100マイルを完走したのは9年も前のことだ。11年前にお店を開店してからほぼ毎週トレイルを走っていた自分の走力は、UTMBという世界で最も有名な大会を完走したその時がピークだった。

その翌年に子供ができた。ライフステージが変わり、これまでトレイルに注いできた時間をすべて家族に向けた。一方で、自己管理が下手な自分は育児の合間に走る時間を捻出できずにランニングから数年遠ざかり、気付けば速くも長くも走れなくなってしまった。育児が落ち着いてから何回か目標を立てて走力回復を目指したが、いずれも頓挫し、その度にランナーとしての自信をどんどん失っていった。UTMBを完走した自分はもはや別人だった。

そんな僕にとっても「100マイル」という単語は特別で、その距離を完走することで自信を取り戻せるかも、とどこかで思っていた。ただ、走力を失った自分には日本の100マイルレース参加のハードルはやはり高く、挑戦しようという気持ちもなかなか起きなか

った（2022年にアメリカの100マイルには挑戦したが、失敗した）。

そんななかでBAMBIの存在を知った。自信を失っていたからこそ、他のイベントにはない挑戦しやすい設定とセカンド枠の存在が僕に対して差し伸べられた救いの手に感じられ、「誰にでも挑戦しやすい100マイルを。」の言葉が胃腸炎の後の玉子粥のように本当に優しく心に沁みた。

このイベントに出るしかない。ようやく気持ちが奮い立ったが、すでに大人気となっていたBAMBIに出るには"どうしてBAMBIで100マイルを走りたいか"を800字の作文として提出する必要があった。カッコつけたいところではあったが、この9年間自分が抱えていた複雑な気持ち、トレイルランニングの魅力を伝えるお店の店主なのに自分自身がトレイルを走ることに自信を失い引け目を感じていることなど、を赤裸々に書き、最後は「改めてトレイルランニングに向き合い、自分を取り戻すためにBAMBI100に出場して完走したいです。」と締めくくり、フォームの送信ボタンを押した。

そんな過程を経て、無事BAMBIの出走権を得て、走った。そして道中の100マイルらしいさまざまなトラブルを満喫して大いに苦しみ、39時間14分で9年ぶりに100マイルのトレイルを走り切った。おそらくBAMBI以外の100マイルであれば時間切れとなっていただろうが、ただただ自分が誇らしかった。

イベント後に運営の方からゴール時の写真をシェアされた。感極まって泣いていたり、安堵の表情を浮かべていたり、それぞれのドラマを感じさせる他の参加者のなかで、僕はただただ晴れやかに笑っていた。その写真を見た妻が「なんかギリギリでゴールしたクセに優勝したみたいな顔してるじゃん」とニヤニヤしながらいじってくるくらいに。

そして、ゴール直後は気づかなかっ

たのだけど、一夜明けた翌日から、目に入る風景がなんかキラキラして見えるようになった。「誇りを取り戻すと景色さえ違って見えるんだな」。そんなことにも気づくことができた。

自分を取り戻したあの日から約1カ月が経ち、今僕はあの素晴らしい体験を思い出しながらこのコラムを書いている。そして、9年間自分はたいそう拗れていたんだなということを今更ながらに実感した。

お店を始めて10年。日本のトレイルランのシーンもだいぶ成熟してきた。その分僕みたいにちょっと拗れてしまった人も結構いて、チャンスに尻ごみしたり手を伸ばせなかったりしているのだろう。そんな人たちにまた自分を誇りに思えるようなセカンドチャンスを提供したい、今はそんな風に思う。BAMBIが僕にそうしてくれたように。＜続く＞ Ⓛ

KEI KUWABARA（桑原慶）

東京・隅田川のそばにある、トレイル＆ランニングショップ「Run boys! Run girls!」店主。体重が増減しがち。その分ダイエットが得意がち。UTMF、UTMB や、Pine to Palm（Oregon / 100mile）、OMM（UK）などを完走した後、ライフステージの変化でここ数年は大会参加や走行距離が減りがち。2024年10月、9年ぶりに BAMBI100で100マイルを完走した。そんな経験から見えるランニングやトレイルランニングの魅力も伝えたいと思っています。
Ⓘ @runboysrungirls　rb-rg.jp

MARIE WATANABE
（ワタナベマリエ）

国内外の様々な媒体のイラストレーションを手掛ける。GIFアニメも制作。
Ⓘ @marie_illustration
www.marie-illustration.com

Backyard Ultra

バックヤードウルトラ

WORDS BY TOMOKAZU IHARA AS TOLD TO TAKAFUMI YANO　PHOTOGRAPHY BY SHO FUJIMAKI & TOMOAKI OKUMURA

　レース・ディレクター、ラザルス・"ラズ"・レイクは、世にも奇妙なウルトラトレイルランニングレース「バークレー・マラソンズ」（*Like the Wind*日本版01号 Page017、02号 Page052参照）の他に、「バックヤードウルトラ」も開催している。2011年に第1回大会が行われ、現在約50カ国に広がったこのレースでは、ランナーたちが1時間に一度、6706m（1yard）を走り続ける。ノックアウト方式のレースで、時間の経過と共に一人、また一人と脱落者が出る。最後に残った1名がコースを1周するとようやくレースが終わる。世界には、100時間を超えて走り続ける強者もいるという——「バックヤード」には、国や地域ごと、Big's Backyard Ultra（個人世界戦）、国別対抗戦のワールドチャンピオンシップなど複数の大会がある。バークレーを走り、日本でバックヤードの運営を行うウルトラトレイルランナー、井原知一が語った。

———————————

Like the Wind（LTW）　今年の秋のバックヤードウルトラ・ワールドチャンピオンシップ（サテライト大会）、ラストサムライスタンディング（BULSS）でも、熱い走りがありました。特に印象的だったシーンはどんなものだったでしょうか？

井原　ワールドチャンピオンシップのブリーフィングで、キャプテンの吉田さんが、レース前に開催された箱根駅伝の予選会で1秒の差が明暗を分けたことを引き合いに、目標の3位以内をめざしてみんなのために1周1周をがんばろうという話をしてくれました。それによってチームがぐっとまとまったのが印象的でした。

LTW　日本チームはレースでは具体的にどんな様子でしたか？

井原　実際に2年前に走ったメンバーが、その経験を活かして遅れそうなメンバーがいたらペースを合わせて引っ張ったり、吉田さんもスイーパーのように最後尾から全体のペースを上げるようにマネジメントしたりしていました。ボランティア側のチームプレーも年々質が上がっていて、ランナーもボランティアもワンチームとして戦えました。

LTW　これまでとはどんな違いがあったのでしょうか？

井原　2020年に初めて参加したときは、勝手がわからずフ

ルメンバー（15名）に足りない10名で戦わざるを得ませんでした。要は戦う体制が整っていませんでした。2022年は4位になりましたが、チームとして未熟さがまだまだあったように思います。そして、2024年。ここまでのラストサムライなどで培ったノウハウや経験値が増したメンバーたちによって、本当の意味でチームとして戦うことができたように感じます。

LTW　バックヤードウルトラ、この不思議なレースの真髄、ユニークな点、特徴とは一体何だと思いますか？

井原　新たなウルトラランニングのジャンルと言えると思います。ゆえに記録にしろ、戦い方にしろ、発展途上にあります。レースディレクターのラズは、100時間走で最長距離を走れるのはバックヤード形式だと言っています。実際に記録を見ても、それが証明されています。ウルトラにおいて人間の潜在能力を引き出してくれる競技と言えるでしょう。ただそれは一端にすぎず、誰もまだこの競技の真髄を見ていない。そのことに魅力を感じます。

LTW　バックヤードをまだ知らないランナーの皆さんへ、その魅力を含めてメッセージをお願いします。

井原　ラストサムライになることが必ずしもゴールではありません。結果だけを見ると過酷なイメージがありますが、1時間以内に6706mを走るコース設定なのでランニングビギナーからシリアスランナーまで、レベルを問わず各自の限界に挑戦できる場です。ラストサムライ、PB更新、さまざまな形で楽しんでもらいたい競技です。🅛

———————————

TOMOKAZU IHARA（井原知一）

長野県生まれ、東京都高尾を拠点に活動するトレイルランナー。「フィジカルアーティスト」として自らが走る軌跡を地球上に刻むべく、100マイルを人生で100回走る「100miles100times」にチャレンジしている。2024年も精力的に走り続け、西武秩父をスタート／ゴールするレース「FTR100」では国内の100マイルレースで初の優勝を飾った。世界一奇妙なマラソン大会「バークレー・マラソンズ」（米国テネシー州）をはじめ国内外各地でトレイルを走りながら、コーチングプログラム「Tomo's Pit」や「バックヤードウルトラ　ラストサムライスタンディング」の日本国内での運営、100マイルのグループランニング「T.D.T.」の主催などを行っている。📷 @rd_tomo　@tomospit

2024年11月のラストサムライスタンディング（BULSS）東京大会（高尾）で、日本国内女性新記録となった48周（321km）を達成した原智美選手。

2024年10月のバックヤードウルトラ・ワールドチャンピオンシップ・サテライト大会（群馬県上野村）での、井原知一。

LOS ANGELES DIARY
ロサンゼルスの昨今
WORDS & PHOTOGRAPHY BY ERIKA S. LANZAGA

スポーツとカルチャー、そこにいる人々の様子はその地ごとにそれぞれ違う。アメリカではそれはどのようなものなのか？　*Like the Wind*特派員シリーズ、ロサンゼルスに渡ることになったランナーのダイアリーをお届けします。

2024.10.22（Tuesday）
クリプトドットコム・アリーナでバスケを観る

人生初のNBA観戦に行く。

ロサンゼルス・レイカーズのシーズン開幕戦です。NBAはアメリカに来るようになってから見始めました。だからまだ全然詳しくないのですが、レイカーズには日本人選手・八村塁さんがいるので、バスケットボール初心者の私でも応援しがいがあります。

今日の試合では近年メキメキと調子を上げている彼の活躍を生で見られただけでもすごく特別でした。さらに、この試合ではスーパースター、レブロン・ジェームズと、彼の息子ブロニー・ジェームズの親子が同じコートに立ってプレーするという、NBA史上初の出来事がありました！　これには敵味方関係なく、たくさんのNBAファンが興奮していました。

これを観ていて、親子で一緒に現役でできるスポーツって他に何があるだろうかとふと考えました――マラソン（走ること）は親子で一緒にできる数少ないスポーツのうちのひとつだなと。

走る理由は人それぞれ色々ありますが、親子で一緒にというのも素敵なアイディアだなと思います。彼らの今後の活躍を楽しみにしつつ、勝利の余韻に浸って帰路に就いた夜でした。ちなみに私がしている親子競技は、お神輿を担ぐこと（地元仙台のお祭り）です。

2024.10.28（Monday）
サンタモニカで5kmのハロウィンラン

今回LAに来て初めてのランニングは『MIDNIGHT RUNNERS』のハロウィンコスチューム・ランでした。

MIDNIGHT RUNNERSは5kmのランニングの途中で、3回 "Workout Stop" があります。顔が覆われるコスチュームでも、Workoutの最中は休憩していたらいいか、と思い「ホットドッグのぬいぐるみ」コスチュームをチョイスしました。「ホットドッグ」という分かりやすさからか、たくさんの人が声をかけてくれましたが、英語がまだまだ堪能ではない私はたじたじです。顔が覆われていて見えないから（言葉が話せそう／そうでもなさそう、と分からないから）、余計にみなさん声をかけやすかったのでしょうか。

多民族国家なアメリカで、ハロウィンは誰でも楽しむことができるイベントのひとつ。コスチュームを着てる人も見ている人もみんな楽しそうで、次の仮装は何にしようかと早くも来年が楽しみです。（続く）

季節の所感

"西海岸のLAって思ってたより寒いんですね"

10月後半、野球とバスケットボール、ハロウィンで街が賑わいます。半袖の人も多いので一見暖かいように見えるかもしれませんが、実際は東京より寒いくらいです。でも人々の熱意と熱気がこの土地ならではなのかなと思った秋のLAでした。🄻

ERIKA S.LANZAGA（エリカ・S・ランザガ）
LA移住準備中。これまでもなんとなく走っていたが、渡米するにあたって自衛方法のひとつとして、いつでも走って逃げられるように日頃から走ろうと改めて決意した。
📷@__caliel_617

音楽の聴こえかた ③

WORDS BY MITSUTAKA NAGIRA   ILLUSTRATION BY MEGUMI ITOU

Laufey『Everything I Know About Love』

秋から冬にかけて、寒くなってきてからのランニングが好きだ。薄手のナイロンジャケットを着て走ると、少し冷たい風を感じながらも、ジャケットの中の身体が徐々に温まっていって、ほんのり汗をかいていく感覚が気持ちいい。少し前までは暑い中でしっかり身体を動かすことでたっぷり汗をかく動的な爽快感があったが、それとは全く異なる静的な快感がある。夏場は速く走りたくなるのだが、秋冬はゆっくり走りたくなることも関係しているのかもしれない。やわらかい陽が射す肌寒い昼間のランニングはゆったりした気持ちで走りたくなるのだ。

そうなると音楽もそれに合うものをチョイスせざるを得ない。足をどんどん動かしたくなるビートが利いている

ものや、背中を押してくれるようなエネルギーを感じるものではなく、走る自分を急かさないような、やわらかく、滑らかに流れるような音楽を選ぶようになる。僕に関してはむしろスピードを落としてくれるような音楽を欲することも少なくない。

そんな僕のここ数年のお気に入りはレイヴェイの『Everything I Know About Love』。アイスランドと中国にルーツを持っている彼女はアイスランド生まれで、現在はアメリカのLAを拠点にしている。クラシックを学び、オーケストラでチェロを演奏していたこともある彼女の音楽の特徴は、アコースティックな楽器の音色や響きを最大限に活かした曲作りがなされていること。また、ディズニーなどの映画の劇中歌

や多くのジャズ・ヴォーカリストたちに愛されたミュージカルナンバーなど、1930-50年代の古き良きアメリカの楽曲からの影響を受けたこともあり、どこか懐かしい雰囲気が漂うのも魅力になっている。そこに時折、ボサノヴァの要素が加わり、ブラジル音楽特有のサウダージ（郷愁と訳される）を思わせる切ない情感をまとわせることもある。そんな楽曲をレイヴェイの低くこもった独特の声で歌われると彼女ならではの唯一無二の音楽が完成する。

おじさんなのでZ世代に人気の若者の恋愛をテーマにした歌詞への共感はさすがに持てないけれども、寒くなってからのやわらかい陽射しにぴったりの彼女のサウンドは何度聴いても飽きがこない。彼女の楽曲には曲ごとに物

MITSUTAKA NAGIRA
（柳樂光隆）

1979年生まれ。島根県出雲市出身。出雲高校、東京学芸大学教員養成課程卒。音楽評論家、プロインタビュアー、教育者、DJ、ラジオパーソナリティ。主な仕事はジャズとその周りの音楽についての執筆、インタビュー、講演、講義、企画、監修。『Jazz The New Chapter』シリーズを中心に21世紀のジャズの動向を音楽史と接続させながら伝える活動を行っている。
⊙ @elis_ragina　✕ @Elis_ragiNa

itou・megumi（イトウメグミ）

東京をベースに活動するイラストレーター。書籍、雑誌、広告、雑貨などに向け幅広く制作を行っている。バランスよく余白を持つイラストが特徴的で、日常と想像の世界をスタイリッシュに描いている。
⊙ @illustrator_itou.megumi
www.itou-megumi.com

柳樂光隆さんセレクト、
Like the Wind
日本版のための
プレイリストはこちら

語があり、どれもその物語に沿って音によってその場面にふさわしい演出が施されている。曲の中盤で繊細なチェロの響きがふわっと重ねられることで曲に宿る感情が何倍にも増幅されることもある。そんな彼女の音楽を聴きながら走ると見慣れた景色が映画のワンシーンのように思えてくることさえある。レイヴェイの音楽は不思議な力を感じさせる。

　その音楽がまとう切なさや儚さが寒々しくたたずむ枯れ木や風に舞いながら落ちる枯葉に意味を与えてくれたように感じながら走ることはその季節にしかできない楽しさ。メランコリックな音楽が聴きたい季節が今年もようやくやってきた。Ⓛ

Laufey
『**Everything I Know About Love**』

レイヴェイ デビューアルバム
『Everything I Know About Love』
（2022年）
Sony Music 公式ページ：
www.sonymusic.co.jp/artist/Laufey

幽霊とともに走れ

WORDS BY KEI WAKABAYASHI   PHOTOGRAPHY BY MIDORI AOYAMA

NewJeansのクリエイティブ

所属事務所からの離脱が話題になっているからというわけでもないのだが、NewJeansについて書くところから始めてみようと思う。

自分は正直 NewJeans があまり得意ではなく、積極的には興味をもたないようにしてきた。K-POP というジャンルにおいて、彼女らの音楽が突出しておしゃれで先端的であるのを認めるのはやぶさかではないのだが、率直にいえば、その「新しさ」がどうも引っかかる。ものをわかった感じを出したければ、NewJeans のクリエイティブディレクターのミン・ヒジンの手腕を褒めつつ NewJeans の「新しさ」を評価することはすでにして常套手段だが、K-POP の面白さが、果たしてそうした「新しさ」に依拠しているものなのかどうかという問いがずっと引っかかっている。

白状するとこの数年、自分はそれなりに BLACKPINK に入れ込んできたのだが、いつも不思議だなと思っていたのは、新曲や新しい ep が発表されるたびに、楽曲がいちいちファンダム内で腐されることだった。BLACKPINK の楽曲の多くは TEDDY というプロデューサーが手がけてきたが、当然その TEDDY を槍玉にあげながら「過去曲の焼き直しだ」「手抜きだ」といった感じでディスがネット上に飛び交うことになったりする。自分としても、BLACKPINK の新曲が出たときに「これ、最高じゃん！」と諸手をあげて歓喜した経験はそこまでないので、こうした批判に半ば納得はするのだが、その一方で、こうした批判がどこか的外れな気もなんとなくしてきた。というのも、これらの批判は、それまでずっとあったにもかかわらず、発表当初にはディスられた曲も、テレビやライブで幾度も歌われ、それをファンが真似したりするうちに、アーティストのディスコグラフィ

のなかにしっかり組み込まれていき、大した曲ではなかったはずのものが、記憶に残る不可欠なナンバーになっていくといったことを、ファンとして繰り返し体験してきたからだ。

K-POP の楽しみは、おそらくそうやって一曲一曲を「自分の記憶」にしていくと同時に、集合化してそれが「みんなの記憶」になっていくプロセスそのものに宿るのではないかと思う。それはおそらく NewJeans ファンにおいてもずっと起きてきたプロセスであるはずなので、NewJeans だけを批判するのがアンフェアであることは百も承知だが、とはいえ NewJeans をめぐって展開される批評が、常にその時代的な新しさにフォーカスすることで、その楽しいプロセスを覆い隠してしまっている感は否めない。

そうしたしたり顔の批評家を世間は「NewJeans おじさん」と揶揄してきたわけだが、問題は、ミン・ヒジン自身がそうしたおじさんたちにつけ入る隙を与えたことで暗黙裡に共犯関係を結んでしまったところにあるのではないか。NewJeans おじさんたちとともにミン・ヒジンが K-POP のなかにもちこんでしまったのは、おそらく悪い意味での「クリエイティブ」という概念だったのではないかという気がしてならない。

創造力の時代

先端カルチャーと先端テクノロジーの交差点において日本社会の変転を80年代から見つめてきたメディア美学者の武邑光裕先生の新刊自叙伝『Outlying 僻遠の文化史』は、日本のアンダーグラウンドカルチャーの貴重な証言としても十分に面白い内容だが、450ページに及ぶ大著の終盤で、いま現在起きている大きなパラダイムシフトを論じたパートは、内容をしっかり把握するには骨が折れる

が、読み応えがある。

武邑先生はそこで、いま起きている転回は「創造力の時代から、記憶の時代へ」のシフトなのだと書いている。武邑先生は、それを、マスメディアからデジタルメディアへの転換と重ね合わせて語っているのだが、この間のアメリカ大統領選挙や兵庫県知事選挙などの推移を見るにつけ、長らく語られてきたマスメディアの終焉が、大きな分水嶺を越えて本格的な終末期に入ったことは、誰しもが感じていることだろう。

武邑先生は、もはや風前の灯火ともなったそのマスメディアの時代は、実は「創造力の時代」だったと語るのだが、そう言われるとたしかに、わたしたちがこれまでどれだけ創造力＝クリエイティビティというものに過剰に価値を与え期待を寄せていたかに改めて気がつかされる。

創造力の時代は個性の時代であり、個性の時代は表現の時代でもある。それは、表現を通して自分がこの世にひとつのかけがえのない存在だと主張することを至高の善とする時代だ。そしてその信念はマスメディアの効果を最大化することで肥大化し続けてきた。

マスメディアは、その情報プラットフォームに誰かを乗せた瞬間に、その人をポジティブな意味でもネガティブな意味でも「価値化」すべく作用する。マスメディアに乗ることは、その人がかけがえのなさにおいて唯一無二の存在であるというメッセージとなり、その人をあらゆる人にとってのロールモデルへと転化する。マスメディアにおいて「無価値な人」は存在しない。それはやがて「この世に無価値な人はいない」というメッセージとなり、マスメディアに乗ることこそが「わたしの価値」の証明であるという思考の倒錯をもたらす。「有名人」というおよそ中身のない存在が重要人物であると錯覚されるのは、ひとえ

にマスメディアのこの作用に基づいている。

批評のことばもまた、こうしたマスメディア的社会構成の一端を担っている。批評は「価値」の判断・測定に作用する。対象をもち上げようが下げようが、どうしたって「価値化」という営為に加担してしまう。

メディア・情報産業にぶら下がって生きてきた経験からすると、最初のうちは自分なりの観点からものごとを「価値化」していく作業は実に面白いが、だんだんそれがしんどくなってくるのは、それがほとんど株価を操ることに似たような作業であることに気づいてくるからだ。「次はこれが来ますよ」。情報産業における情報づくりの仕事は、結局のところ相場師のやっていることと変わらない。そこには「無価値な情報」というものを存在させることができない。「無価値な情報」は「無価値な情報という価値ある情報」として流通していくだけだ。

マスメディアの時代が創造力の時代だったというのは、つまるところ、個性やかけがえのない自分といったものをひたすら価値化＝換金していく時代だったということを意味する。そこにおいて「創造力」は、誰もが持ちうる賭け金として、ひたすら称揚され続けることになる。

価値化の牢獄

「Against Creativity」（クリエイティビティに抗う）というユニークな本を2018年に刊行した人文地理学を専門とする英国人大学講師のオリ・モウルドは「クリエイティビティ」が経済成長や進歩のキーファクターとして、あらゆる領域で前傾化していく状況は、英国ではブレア政権下に発動された1997年の政策「Cool Britannia」に始まると分析し、モウルドはその時点から「創造性・創造力」は

完全に新自由主義経済と一体化したと指摘する。「クリエイティブなわたし」が「かけがえのないわたし」を保証するという幻想は、やがてダイバーシティやジェンダーポリティクスの底流をなしながら、みんなに対して「本当の自分」、すなわち自分の奥底に眠っているはずの創造力を解放するよう求める。

それは一見解放のようだが、モウルドが指摘する通り、それ自体が実は牢獄でもある。「無意味であること」「無価値であること」が存在しないマスメディア時代の価値化ゲームは、人がそこから離脱することを許さない。離脱は、それさえもが価値化されて経済に回収されてしまう。

本誌 Like the Wind に即していえば、無価値で無意味なランニングは存在しえない。それは即座に「新しくクリエイティブなランニング」として瞬く間に消費されていく。こうしたイタチごっこは実にあらゆる領域に及んで、かつ際限がない。ドイツ在住の韓国人哲学者ハン・ビョンチョルは、そんな社会を絶望とともに「疲労社会」と呼んだのだった。

だが、それもまた終わりゆく時代の断末魔のようなものなのかもしれない。わたしたちが、武邑先生の見立て通りに創造力の時代からの脱却へと向かっているならば、この苦行もまた終わりに向かっているのかもしれない。それを喜ぶべきなのかどうかはまだよくわからない。これから「記憶の時代」へと入っていくのだとしても、もとより「記憶の時代」が何を意味するのかすら、現状においては実のところまったく定かではない。

みんなの記憶のなかへ

「これからは記憶の時代になる」と言われて自分が真っ先に思い出したのは、音楽ジャンルを表すことばとして近年語られることも増えた「ホーントロジー」(憑在論)という概念だ。これは90年代にジャック・デリダが提出した概念で、のちに英国の思想家マーク・フィッシャーが英国の一部の電子音楽家について論じる際に援用したものだが、GoogleのAIに説明させてみると、こんな答えが返ってくる。

憑在論は、現在において過去が持続し続ける様態を探求する哲学的概念および音楽ジャンル。哲学的には、過去が幽霊のように現在に憑依するさまを説明する概念。この用語はフランスの哲学者ジャック・デリダが1993年の著書『マルクスの亡霊』で用いた造語で、「憑依」と「存在論」を組み合わせたもの。デリダは、マルクス主義の幽霊が現代の政治や革命運動に今も影響を与えていることを説明するためにこの用語を使用した。

ソーシャルメディアでは、過去の投稿が、あたかも最近の投稿であるかのように回遊し、ヴァイラルしてしまうようなことはすでに珍しいことではない。それをホーントロジーとして理解するかはおいたとしても、過去が過去にならずに現在のなかを漂い続けるような事象は決して珍しいことではない。それは「過去が幽霊のように現在に憑依するさま」とは言えないだろうか。

あるいは数年前、『スター・ウォーズ』シリーズの第1作目(映画内の時系列でいうと4作目)を見直していた際、見た記憶のないシーンがちらほらあって混乱に見舞われたことがある。自分の記憶が曖昧だっただけなのか、それとも「ディレクターズカット」的な処理によってそれが後から追加された映像だったのかが、よくわからなくなってしまったのだが、自分が見たはずの「オリジナル版」を確認する手立てが簡単には見つからないの

だから厄介だ。過去は自在に改変され、過去のふりをして現在に居座っている。これもまた「過去が幽霊のように現在に憑依するさま」ではなかろうか。

ジャック・デリダが深く言及しなかったことから、ホーントロジーの概念は、それ自体が曖昧かつ不明瞭なままだ。とはいえ、創造力という推進力を失った社会が、インターネットのなかにひたすら堆積されてゆく過去、あるいは外在化された記憶の断片にますます侵食されながら、融通無碍にかたちを変えていくようなものになっていくだろうことは、なんとなく実感できる。そこでは時間はまっすぐに流れない。幽霊は現実ともはや区別がつかない。

BLACKPINKの動画をライブからプライベートなものまでYouTubeでひたすら漁って見まくっていた頃、自分が歳をとって記憶が混濁してきたら、カメラに向かって話しかけているジェニーの姿を、実際に自分が経験した出来事として思い出すことになるだろうという気がしてならなかった。YouTube上のジェニーは、ソーシャルメディアにアップされた知人の動画とまったく等価なものとしてそこにある。デジタル空間を、幽霊のごとく漂う過去＝記憶は、自分のものであってすでに自分のものではない。その一方で、自分のものではないのに自分のものでありえたりもする。「自分の記憶」が「みんなの記憶」のなかへと溶け出して輪郭を失っていく。そのとき「わたし」とは、いったいどんなかたちをしているのだろう。少なくとも現状において確実に予測できるのは、記憶の時代におけるアイデンティティは、創造力の時代におけるアイデンティティとまったく異なったものになるだろうということだ。

ちなみに武邑先生は、いまこの時点において「記憶の時代」を象徴するのは日本発のサイバートランスの気鋭ユニット「みんなのきもち」の音楽なのだと言う。その音楽はたしかに、無数の幽霊との戯れのようであり、現実と見分けのつかない明晰夢のようでもある。わたしのものであってわたしのものではない音楽。わたしのものではないのにわたしのものでもある音楽。それを「みんなのきもち」と名づけたのは秀逸としか言いようがない。まずは、ランニングのお供にでも聴いてみることをおすすめしたい。❶

KEI WAKABAYASHI（若林恵）

平凡社『月刊太陽』編集部、フリー編集者、『WIRED』日本版編集長を経て、2018年に黒鳥社設立。『実験の民主主義』（宇野重規と共著・中公新書）、『『忘れられた日本人』をひらく：宮本常一と「世間」のデモクラシー』（畑中章宏と共著・黒鳥社）、責任編集『次世代ガバメント：小さくて大きい政府のつくり方』（黒鳥社）、『さよなら未来』（岩波書店）、『第七の男』（ジョン・バージャー著、金聖源と共訳・黒鳥社）ほか編著書、共訳書多数。「こんにちは未来」「働くことの人類学」「blkswn jukebox」「音読ブラックスワン」などのポッドキャストの企画制作でも知られる。

ものづくり

*Like the Wind*日本版／木星社が作る、今月のプロダクトはTシャツです！

雑誌やポッドキャスト、フォトグラフィーシリーズ、トークセッションに加えて、イラストレーションやプロダクトを通して何かが伝わればと考えています。

今回は「ヤングガンズの大冒険」（P.137）に登場してくれた、Mia（ランナー／デザイナー）とMameko（ランナー／イラストレーター）の作品をTシャツにしました。前号のプレゼント（VANSのスニーカー）の次は、読者の皆様への感謝を込めてこのTシャツを合計4名様に進呈します。

皆様のメッセージとご応募お待ちしています！

応募方法

*Like the Wind*日本版のインスタグラム @likethewind.jpか、木星社のインスタグラム @mokusei222宛に、雑誌の感想に加えて、住所、氏名、希望するTシャツとサイズを明記してDMを送ってください。

締切：2025年1月20日（月）18:00

Tシャツ①
「Litty Litty」Tシャツ
by Mia
（2名様にプレゼント）

Mia（イ・ソヒョン）：ソウル出身。プロダクトデザイナー。自身のクルー Friday Long Run では、グラフィカルな動画も発信している。
@eee.so @friday_long_run

Tシャツ②
「BUGちゃん」Tシャツ
by Mameko
（2名様にプレゼント）

Mameko（秋山桃子）：神奈川県出身。走るイラストレーター。ランニングチームのロゴやキャラクターをオーダーメイドで制作している。 @mameko_design

ボディーカラー：ブラック／サイズ：下記サイズ表を参照

サイズ	XS	S	M	L	XL	2XL
着丈(cm)	61.0	64.0	67.0	70.0	73.0	76.0
身幅(cm)	47.0	50.0	53.0	56.0	59.0	60.0
肩幅(cm)	44.0	46.0	48.0	50.0	52.0	54.0
袖丈(cm)	20.5	21.5	22.5	23.5	24.5	25.5
重さ(g)	134	147	150	165	180	208

Tシャツの素材について：ボディにはBRING Material™（再生ポリエステル）を100％使用しています。BRING Material™は、服から服をつくるBRING™が、使われなくなった服を消費者から回収する活動をさまざまなブランドと連携して実施し、回収した服のポリエステルを独自のBRING Technology™により化学的にリサイクルし、まったく新しいポリエステル原料に生まれ変わらせたサスティナブルな再生ポリエステル樹脂です。この樹脂を原料にすることでバージン品質と同等の糸や生地を作ることが可能です。
https://bring.org/ ※ BRING™ および BLANK APPAREL、BRING Material™、BRING Technology™ は株式会社JEPLANの商標です。

※ご応募多数の場合は抽選とさせていただき、当選者の発表は発送をもってかえさせていただきます。
※Tシャツのデザイン、カラーなどの仕様は変更になることがありますがご了承ください。
※木星社の「Mokusei Book Club」でもこのTシャツを販売予定です。本や雑誌、他のプロダクトもぜひご覧ください。
Mokusei Book Club：mokusei222.stores.jp